“新财经”课程思政系列丛书

统计学
课程思政案例集

主 编 夏怡凡

西南财经大学出版社
Southwestern University of Finance & Economics Press
中国 · 成都

图书在版编目(CIP)数据

统计学课程思政案例集/夏怡凡主编 .—成都:西南财经大学出版社,
2021.7
ISBN 978-7-5504-4992-3

Ⅰ.①统… Ⅱ.①夏… Ⅲ.①思想政治教育—教案(教育)—高等学校
Ⅳ.①G641

中国版本图书馆 CIP 数据核字(2021)第 146128 号

统计学课程思政案例集

主编:夏怡凡

责任编辑:李晓嵩
助理编辑:王琳
责任校对:冯雪
封面设计:何东琳设计工作室
责任印制:朱曼丽

出版发行	西南财经大学出版社(四川省成都市光华村街 55 号)
网　　址	http://cbs.swufe.edu.cn
电子邮件	bookcj@swufe.edu.cn
邮政编码	610074
电　　话	028-87353785
照　　排	四川胜翔数码印务设计有限公司
印　　刷	四川五洲彩印有限责任公司
成品尺寸	185mm×260mm
印　　张	8
字　　数	143 千字
版　　次	2021 年 7 月第 1 版
印　　次	2021 年 7 月第 1 次印刷
印　　数	1— 2000 册
书　　号	ISBN 978-7-5504-4992-3
定　　价	25.00 元

出版说明

为深入贯彻落实习近平总书记关于教育的重要论述和全国教育大会精神，贯彻落实中共中央办公厅、国务院办公厅《关于深化新时代学校思想政治理论课改革创新的若干意见》，把思想政治教育贯穿人才培养体系，全面推进高校课程思政建设，发挥好每门课程的育人作用，提高高校人才培养质量，教育部印发了《高等学校课程思政建设指导纲要》（以下简称《纲要》）。《纲要》指出，全面推进课程思政建设是落实立德树人根本任务的战略举措。培养什么人、怎样培养人、为谁培养人是教育的根本问题，立德树人成效是检验高校一切工作的根本标准。课程思政建设是全面提高人才培养质量的重要任务。

为全面贯彻新时代党的教育方针，落实立德树人根本任务，国家教材委员会印发了《习近平新时代中国特色社会主义思想进课程教材指南》，明确要求把习近平新时代中国特色社会主义思想有机融入课程教材。《“党的领导”相关内容进大中小学课程教材指南》首次就“党的领导”相关内容融入课程教材作出整体设计，对于深入推进习近平新时代中国特色社会主义思想进教材、进课堂、进头脑具有重大意义。

根据相关文件精神，西南财经大学于2021年成立课程思政研究中心。为切实落实本科专业类教学质量国家标准和一流专业建设的基本要求，充分发挥教材在课程思政建设中的关键作用，打造课程思政精品教材体系，西南财经大学课程思政研究中心组织金融学院、保险学院、经济学院、工商管理学院、会计学院、财政税务学院、统计学院、经济信息工程学院、法学院、国际商学院、公共管理学院、经济数学学院、经济与管理研究院等出版了课程思政系列丛书（以下简称“丛书”）。

丛书以习近平新时代中国特色社会主义思想为指导，紧紧围绕教学导向“准”、育人格局“全”、思政元素“齐”、覆盖范围“广”、教学团队“强”的目标，围绕国家、区域以及学校课程思政建设的发展要求，深入挖掘各类课程和教学方式中蕴含的思想政治教育资源，致力于加快构建中国特色哲学社会科学学科体系、学术体系、话语体系，帮助学生了解经管类学科专业知识和行业领域的国家战略、法律法规和相关政策，引导学生深入社会实践、关注现实问题，培育学生经世济民、诚信服务、德法兼修的职业素养。丛书以案例集、教学指南等形式，教育引导学生把国家、社会、公民的价值要求融为一体，提高个人的爱国、敬业、诚信、友善修养，自觉把小我融入大我，不断追求国家的富强、民主、文明、和谐，倡导社会的自由、平等、公正、法治，将社会主义核心价值观内化为精神追求，外化为自觉行动；教育引导学生深刻理解中华优秀传统文化中讲仁爱、重民本、守诚信、崇正义、尚和合、求大同的思想精华和时代价值；教育引导学生传承中华文脉，富有中国心、饱含中国情、充满中国味；教育引导学生深刻理解并自觉践行各行业的职业精神和职业规范，增强职业责任感，培养遵纪守法、爱岗敬业、无私奉献、诚实守信、公道办事、开拓创新的职业品格和行为习惯，着力培养具有社会责任感、创新精神和国际视野的财经领域卓越人才。

丛书涵盖西南财经大学国家级重点学科和一流本科专业，作者包括西南财经大学国家级教学团队成员和其他资深教师。丛书经过作者反复斟酌研讨、倾力编撰而成，将思想政治教育寓于教学之中，让学生在学习专业知识的同时，增强“四个意识”，坚定“四个自信”，自觉做到“两个维护”，深入推进习近平新时代中国特色社会主义思想进教材、进课堂、进头脑。

西南财经大学课程思政研究中心

前言

中国的社会主义现代化建设进入了新的发展阶段。在习近平新时代中国特色社会主义思想引领下，在中国共产党的坚强领导下，中国的高等教育也面临新的发展机遇。党的十八大报告首次提出“把立德树人作为教育的根本任务”。习近平总书记指出：“高校思想政治工作关系高校培养什么样的人、如何培养人以及为谁培养人这个根本问题。要坚持把立德树人作为中心环节，把思想政治工作贯穿教育教学全过程，实现全程育人、全方位育人，努力开创我国高等教育事业发展新局面。”

党和国家高度重视思想政治教育工作，从全国高校思想政治工作会议到全国教育大会，再到学校思想政治理论课教师座谈会，习近平总书记多次围绕立德树人根本任务做了相关论述，强调把立德树人的成效作为检验学校一切工作的根本标准，发挥专业教师课程育人的主体作用，使各类课程与思想政治理论课同向而行，形成协同效应。课程思政正是基于党中央对高校思想政治工作高度重视这一前提，推动合力育人的创新模式。

当代青年是社会主义事业的建设者和接班人，承载着中华民族伟大复兴的重任。如今的社会，信息渠道多而繁杂，个别青年学生受到各种错误思想的侵蚀，在“三观”塑造的过程中因形成歪曲的认识而走上歧途。因此，高等教育在引导学生坚定理想信念，养成高尚品德，确立正确的世界观、人生观和价值观中，发挥着不可替代的关键作用。高等教育一定要将思想政治工作贯穿人才培养全过程，要引导青年学生牢固树立“四个意识”，坚定“四个自信”，自觉做到“两个维护”。

教育是思想政治工作的主阵地，而课堂教学是思想政治工作的主渠道。习近平总书记在全国高校思想政治工作会议上强调，“提升思想政治教育亲和力和针对性，满足学生成长发展需求和期待，其他各门课都要守好一段渠、种好责任田，使各类课程与思想政治理论课同向同行，形成协同效应”。中共中央国务院印发《关于加强和改进新形势下高校思想政治工作的意见》指出：“要加强对课堂教学和各类思想文化阵地的建设管理。充分发掘和运用各学科蕴含的思想政治教育资源，健全高校课堂教学管理办法。”这都为高校课程思政指明了方向。

西南财经大学结合党和国家对课程思政的要求，结合学校特色，进行课程思政改革，开展课程思政示范课程建设，建设了一批优秀的课程思政示范课程；举行课程思政案例大赛，掀起了课程思政学习和应用的高潮；提出了“一课一思政”的目标，要求在授课中充分挖掘和全面融入课程思政要素；对于大学科基础课程，要求编写课程思政案例集，作为教师教学的指导书。本教材就是响应学校要求，由统计学课程组进行编写，是学校大学科基础课程课程思政案例集系列中的一本。

统计学这门课程具有鲜明的特色，强调以数据说话，是一门研究收集、整理、存储、分析和展示数据的课程。统计学课程组积极响应学校号召，充分挖掘每一章节的课程思政元素，对于统计学基础概念、数据采集整理、数据的各种统计分析方法、数据的呈现等，全方位融入课程思政要素，内容涵盖我国社会主义现代化建设成就、党史和统计史、民生状况、脱贫攻坚、社会主义核心价值观、辩证唯物主义哲学等，内容非常丰富，是统计学课程组多年来教学经验的科学总结和合理概括。

本教材的编写老师都是多年从事统计学教学、具有丰富教学经验的老师。他们分别是王青华、苏远琳、马丹、黎春、张红历、苏应生、陈坤、李俭富、江俊佑、陈丹丹、彭刚、朱莉（排名不分先后）。感谢统计学课程组各位老师的辛勤付出，使得本教材能够顺利出版。

本教材能够顺利出版，得到了西南财经大学教务处的大力支持，其为本书的出版做了大量的前期工作；同时得到了西南财经大学出版社各位同仁的大力支持，在此表示衷心的感谢。

编者

2021 年 7 月于西南财经大学

目录 CONTENTS

统计学课程思政案例教学实施过程

一、课前准备

1. 确定教学目标

思想政治课的教育教学目标一般分为认知目标、能力目标和思想觉悟目标三个层次。在案例教学中，教育教学目标应该突出对学生分析问题的能力、解决问题的能力和参与意识的培养。

2. 选择恰当的案例

①难易程度适中的案例能够引起学生激烈的争论，学生的讨论能使课堂气氛比较活跃。

②案例所描述的特定情景，应该贴近生活实际、学习实际和思想实际，这样有利于贯彻理论联系实际的教学原则。

③案例能够培养学生的决策能力。案例只提出问题，问题的解决需要学生来完成，也就是说，案例要求学生成为决策者，理解问题的实质，做出最后的决策。

④案例所描述的特定的情景必须是真实的，并且有相对独立和完整的故事情节。一个案例就是一个主题、一个故事、一个过程。案例应该让学生感到事件是真实的，这样有利于提高案例教学的信度和效度。

3. 学生的准备

与其他教学方法不同的是，案例教学特别强调学生必须做好充分的课前准备，他们要熟悉案例的内容，分析和评价与案例有关的材料；否则，案例教学将无法进行。在课前准备阶段，学生的主要任务是对案例进行分析，提出一些概括性的认识。在学生课前准备阶段，教师应该要求学生做好以下两项工作：

第一，课前两到三天之内将书面形式的案例发给学生，以便学生进行分析。书面形式的案例一般由案例简介、思考与讨论、个人分析小结、课堂讨论记录以及学习反馈五个部分组成。

第二，对学生的个人分析提出具体的要求，特别强调每个学生都要在“个人分析小结”部分做好详细的读书笔记。

4. 教师的准备

首先，掌握教学内容。教师在讲授内容前必须对案例中反映或者涉及的理论知识有透彻的理解。

其次，剖析教学重点、难点。在案例教学中，总的来说教师应该着重考虑以下的三方面：第一，着重分析案例中反映的非常重要的问题；第二，着重分析那些表面看上去会得出同一结论，而仔细分析后得出的结论却恰恰相反的问题；第三，着重引导学生思考在个人分析阶段和小组讨论阶段根本就没有考虑过的问题。

再次，确定讨论小组成员。教师应该根据班级人数和具体的事例将学生分成若干讨论小组，小组的规模一般是 6 人为宜。

最后，制作教学课件。教师可以根据案例情况制成视频、多媒体教学课件，这样有利于提高教学效果。

二、 课堂教学过程

案例教学没有唯一的程式，但其实施过程从整体上来说可划分为以下的三个环节：

1. 引入案例

不同的案例有不同的引入方式：教师可以回顾前几次讨论案例的情况；可以提示这次所要讨论的案例的难度；可以讲解这次案例教学所要达到的目标；当然也可介绍如何进行讨论，大致的要求有哪些，花费多少时间；等等。

2. 课堂讨论

课堂讨论主要分两个阶段：一是小组讨论，二是全班交流。

（1）小组讨论。

小组讨论的时间应该根据课时长度和案例的复杂程度来确定，遵循两个原则：一是保证在规定的教学时间内可以完成任务，二是保证小组的每个成员能够充分发表自己的看法。

小组讨论旨在依靠集体的智慧解决个人分析案例时无法解决的问题，因此在进行小组讨论时，每个学生应该将个人分析案例时遇到的难题提出来，让小组成员共同解决。应该注意的一点是，关于小组讨论的问题不一定都要形成统一的意见，应允许持不同见解的学生保留自己的看法。

（2）全班交流。

全班交流是课堂教学讨论的中心环节，重在讨论各个小组提出的难题以及学生在个人分析阶段和小组讨论时未思考过的问题。教学的过程是老师的主导作用和学生主体作用的统一。在进行全班交流时，这种统一显得尤其重要。为此，教师必须做好以下四个方面的工作：

第一，根据不同的案例选择不同的交流方式。概括而言，交流方式主要有以下两种：一是辩论方式。这种方式一般适用于能够引起较大争论的案例。二是角色扮演式的交流。这种方式让学生模仿案例中的情景，挑选一些学生分别扮演案例中的角色，从而解决案例中的难题，一般适用于情节复杂、角色分工较为明确的案例。

第二，根据情节的复杂程度对案例进行分解。对于情节比较简单的案例，我们没有必要进行分解，可以直接讨论。如果情节较为复杂，教师应该按照案例的编排顺序把需要讨论的问题一个一个分解出来，然后再让学生逐个讨论。

第三，掌握全班交流的进程。全班交流虽然以学生讨论为主，但教师并不是什么都不管。教师要防止学生的讨论偏离论题，如果有些学生的发言海阔天空、离题万里，这时老师可以做适当的提醒；讨论陷入僵局时，教师可以适当地引导；讨论气氛沉闷时，教师可以适当地解说，以活跃讨论的气氛。另外，教师应该合理分配时间，对于比较简单的问题学生很容易达成共识，此时可以简单讨论，把更多的时间用于讨论分歧较大的问题，即把更多的时间用于处理重点、难点问题。

第四，在进行全班交流或小组交流后，教师应该对交流进行点评，指出一些个人的看法和补充意见，切忌将自己的观点强加给学生。如果学生中还有人持不同见解者，教师可以在课下与其做进一步的探讨。

三、 课后拓展

（1）课外阅读：统计学发展史、许宝騄：中国统计的一代宗师（学生也可根据喜好自主选择阅读材料）。

（2）学生可以试着写一篇课程论文，题目如我国统计发展的阶段及其特点或中外统计发展对比（中国的统计思想前期比西方繁荣，后期发展缓慢，论述原因和改进措施）。学生也可以介绍一位我国的统计学家或者写一些读后感。

案例一 统计学中的案例

一、课程思政内容

许宝騄，中国统计的一代宗师，从名师身上看统计学的发展史。

二、课程思政目标

（1）通过许宝騄的一生了解我国统计学发展史，尤其通过中外统计学发展史的比较总结历史经验和了解国情。

（2）对许宝騄等优秀统计学家热爱祖国、兢兢业业工作的光荣事迹进行学习，增强爱国主义情怀。

（3）统计学作为一门具有极强的理论性和应用性的数据分析学科，在统计学产生、发展以及不断完善的过程中总会产生持有不同发展理念和观点的学派，对不同时期的学派进行系统的梳理和介绍，分析不同学派的统计思想和统计方法，找出各个学派之间的不同之处，同时对统计学的发展历史进行有条理的梳理。

三、 案例内容

1. 生平简历

许宝騄（1910 年 9 月 1 日—1970 年 12 月 18 日），字闲若，出生于北京，数学家，中央研究院第一届院士，中国科学院学部委员，北京大学数学系教授。

许宝騄于 1933 年从清华大学毕业后考取留英名额，因体重不合格未能前往，后在北京西山休养一年；1934—1936 年担任北京大学数学系助教；1936 年再次考取了赴英留学名额，被派往伦敦大学学院攻读博士学位；1938 年获得哲学博士学位；1940 年获得科学博士学位，后从英国回到中国，担任北京大学数学系教授，执教于国立西南联合大学；1945—1947 年先后在美国加州大学伯克利分校、哥伦比亚大学、北卡罗来纳大学任访问教授；1947—1970 年担任北京大学数学系教授；1948 年当选为中央研究院院士；1955 年当选为中国科学院学部委员；1970 年 12 月 18 日在北京逝世。

许宝騄主要从事数理统计学和概率论研究，最先发现线性假设的似然比检验（ *F* 检验）的优良性，给出了多元统计中若干重要分布的推导过程，推动了矩阵论在多元统计中的应用，与罗宾斯（H. Robbins）一起提出的完全收敛的概念对强大数定律起到加强作用。

2. 科学成就

（1）早期工作。

1934—1936 年，许宝騄担任访问北京大学的美国哈佛大学教授奥斯古德的助教，奥斯古德在他后来出版的书中也提到了许宝騄的帮助。奥斯古德是分析方面的专家，在这三年许宝騄做了大量的分析方面的习题，也开始了一些研究，1935 年他发表了两篇论文，其中一篇是与江泽涵合作的，两篇论文都是分析方面的论文。这三年他在分析和代数两方面都打下了扎实的基础。

（2）内曼工作。

1938 年，许宝騄导出了霍特林提出的 T2 检验在一定意义下是局部最优的，主要的困难是在零假设不成立时，如何导出 T2 的分布，通常称为非零分布，有了非零分布才能讨论功效函数的大小。他的这一工作在 N. P. 理论和多元统计分析中都是占有重要地位的先驱性工作。

1943 年许宝騄完成了另外一项重要工作，在讨论检验方法的优良性时，对于线性模型的线性假设，第一次证明了似然比检验的优良性，是对多参数假设检验第一个非局部优良性的工作。

（3）参数估计方面。

在参数估计方面，当时大部分人关心的是均值估计的优良性，寻找极小方差的无偏估计。1938 年许宝騄第一个在论文中讨论线性模型中参数 *б*2 的优良估计问题。在二次无偏的估计类中，如果要求估计量的方差与期望值参数无关，他证明了通常的无偏估计 *S*2 具有一致最小方差的充分必要条件是 4 阶矩具有与正态相同的关系式（这一条件在现在的文献中称为准正态分布）。许宝騄的工作是这个方向的起始点，而且他提出的方法仍然是处理更加复杂问题的有力工具，有的论文就用许氏模型这一名称来代表这类问题。

（4）次序统计量方面。

此外许宝騄在寻求统计量的极限分布、次序统计量的极限律型方面都有重要的贡献。在 1949 年的一篇论文中，他考虑了样本均值 $\bar{u}1$，…，$\bar{u}k$ 的函数 f（$\bar{u}1$，…，$\bar{u}k$），利用泰勒展开，就可以用线性函数或二次函数去近似。许宝騄用许多例子进行说明，当零假设成立时，线性部分依概率收敛于零，极限分布是正态变量二次型的分布，在很多情况下，正好是 *x*2 分布；当零假设不成立时，线性部分是主要的，因此极限分布是正态。在这篇 40 多页的论文中，他给出了许多统计量（尤其是多元分析中常见的）的渐近分布。20 世纪 60 年代初，许宝騄领导了一个讨论班，带动一批学生用类似的方法，获得了次序统计量的各种情况下的极限律型，无论是单项的还是多项的，是固定名次的边项还是非固定名次的边项，是正则的还是非正则的中项，同时发表了几篇论文。这些文章都是用笔名或他的学生的名义发表的，而基本的方法和思想都是他提出的。

（5）统计分析工作。

许宝騄用矩阵微分这一工具严格而清晰地导出了联合分布。20 年后，安德森在他的书中专列一章，详细介绍这一工作，并说明这些复杂的雅可比行列式的计算主要是许宝騄的功绩。后来，许宝騄在北卡罗来纳大学讲课时使这一方法更为系统，技巧也更成熟。1951 年，当时听课的学生第默尔和奥肯整理笔记，后发表在 *Biometrika* 上。

（6）概率论工作。

许宝騄在伦敦大学学院攻读学位时，熟读了克拉美的《随机变量与概率分布》（1937 年出版），掌握了特征函数的工具，所以他对极限理论很有兴趣。1947 年他与罗宾斯合写的论文《全收敛和大数定律》中，第一次引入全收敛的概念。当时国际上学者在概率方面主要的兴趣是独立随机变量之和的极限分布，正在从古典向近代结果转化。1947 年许宝騄已获得了主要的结果：每行独立的无限小随机变量三角阵列的行和，依分布收敛到一给定的无穷可分律的充分必要条件。

20 世纪 50 年代中期，许宝騄对马尔可夫过程有相当的兴趣，他用纯分析的方法研究了跳过程转移概率函数的可微性，他曾做过一些马氏链的极限定理研究，但未发表，他于 1945 年完成了一篇论文。这篇文章第一次用特征函数方法来近似处理两个高度相关的随机变量的分布，给出了样本方差的渐近展开和余项的估计。这里的难点是要处理二维的分布，这是数理统计的问题，但方法和工具是概率论中常用的特征函数。这一工作在 20 世纪 70 年代以后引起国际上许多学者开展此方面的深入研究。

四、思政要素

1. 统计学史与中国共产党历史的有机结合：《湖南农民运动考察报告》

1927 年 3 月，毛泽东的经典著作《湖南农民运动考察报告》（以下简称《报告》）问世，引起广泛关注。这是无产阶级及其政党领导农民革命斗争的纲领性文献，在历史的紧要关头，为革命进一步指明了方向，推动了农村大革命运动的继续发展。

1927 年 1 月至 2 月，毛泽东历时 32 天，对湖南湘潭、湘乡、衡山、醴陵、长沙五县的农民运动进行考察。每到一地，“召集有经验的农民和农运工作同志开调查会，仔细听他们的报告，所得材料不少”（《毛泽东选集》，人民出版社 1991 年版，第 12 页）。2 月 16 日，毛泽东就考察湖南农民运动的情况写报告给中共中央，报告指出，在各县乡下所现所闻与在汉口在长沙所见所闻几乎全不同，始发现从前我们对农运政策上、处置上几个颇大的错误点。党对农运的政策，应注意以“农运好得很”的事实，纠正政府、国民党、社会各界一致的“农运糟得很”的议论；以“贫农乃革命先锋”的事实，纠正各界一致的“痞子运动”“惰农运动”的议论；以从来并没有什么联合战线存在的事实，纠正农协破坏了联合战线的议论（《毛泽东年谱（1893—1949）》上卷，第 179 页）。这些基本观点构成了《报告》的主要内容。

正是基于实地调查，毛泽东在《报告》中对湖南农民运动有了自己的认识和看法，澄清了关于农民运动的不实之词。针对农民运动“糟得很”，农会的举动“太过分”、有一点“乱来”，农民运动是“痞子运动”“惰农运动”等说法，毛泽东得出了完全相反的结论。在他看来，农民运动“好得很”，成就了“奇勋”；农会的所谓“过分”举动具有“革命的意义”；农民是“革命先锋”。国民党右派关于农民运动的种种说法是道听途说，缺乏调查基础；而毛泽东关于农民运动的结论是基于实地调查，因而具有较强的说服力，在舆论混杂、是非难辨的情况下，有利于赢得话语优势和话语主动权。毛泽东在《反对本本主义》一文中指出：“没有调查，没有发言权”，调查湖南农民运动的亲身经历，使他说这番话有足够的底气和自信。

2. 量变和质变的辩证统一

统计学总是有了量上的充分积累，才能在质上形成突破，新理论的产生是由原有理论和周围学科的充分发展才最终促成的。

例如，许宝騄在概率论、多元分析、数理统计上的突破，都是其分析和代数方面的厚重积累才形成的，这也可以引导学生充分重视分析和代数在统计学中的重要作用。再如，统计极限和收敛理论也是在充分发展的基础上前进的，从大数定律到中心极限定理，再到一致性收敛、强收敛、全收敛，都是步步递进的。

五、 教学成效

案例教学的实施过程环环相扣，没有做好其中任何一个环节的工作均会影响整个案例教学的实施效果，甚至导致案例教学无法继续进行。案例教学法体现了素质教育的宗旨，是一种行之有效的教学方法。案例教学实质上属于探究性的学习，能变被动为主动，使学生处于一种积极参与的状态，对于改进传统的教学方法、培养学生的创新能力、养成科学精神和科学的态度具有重要的意义。学生要熟练应用该方法，顺利通过实验考核和期末考核，最终树立正确的人生观、价值观、世界观。

六、 扩展阅读典型案例

【案例1】第二次世界大战中，最激烈的空战是英国抗击德国的空战，英军为了提高战斗力，急需找到英军战机在空战中的危险区域并加固钢板，统计学家瓦尔德用统计学方法找到了危险区域，英军用钢板加固了这些危险区域，英军最终取得了胜利。

案例详情：第二次世界大战中，美英联军出动大量战斗机，对德国展开大规模空袭，但是德军强大的防空火力让美英联军遭受重创。为了对抗德军的防空火力，美英联军找来了飞机领域的多位专家，要求他们研究战斗机的受损情况，对飞机的设计提出改进意见。专家们对执行任务归来的飞机进行了仔细的检查，发现几乎所有的飞机的机腹都伤痕累累，于是专家们建议，加固机腹。可是，美英联军最终没有采纳飞机专家的意见，反而加强了对于机翼的防护。这是因为，国防部的一位统计学家认为，能够幸运返航的飞机，机翼大多完好无损，这说明，被击中机翼的飞机都坠落了，而仅被击中机腹的飞机却能够顺利返航，说明机腹不是要害部位，不需要进行加固。因此，他建议美英联军加强对于机翼的防护。

在上面的事例中，飞机领域的专家由于缺少统计学知识，错把顺利返航的飞机与被击落的飞机混为一谈。他们把“顺利返航的飞机”作为样本，来推测总体的规律，恰恰掉入了“幸存者偏差”的陷阱中。反观统计学家，从总体出发来寻找规律，虽然他无法观察到被击落的飞机，但他观察顺利返航的飞机之后，推测出了被击落的飞机可能的受损情况，进而提出加固建议，是更合理的解题思路。这个例子除了提醒我们提防“幸存者偏差”之外，还告诉我们，弄清研究对象十分重要，被击落的飞机才是正确的研究对象。

【案例2】在身高方面，个子矮的父亲的儿子的身高有比父亲个子高的趋势吗？高个子的父亲的儿子的身高有比父亲矮的趋势吗？英国统计学家高尔顿（1886）用德国数学家高斯的最小二乘法（1801）找到了统计学的回归分析方法，解决了该问题，后该方法推广应用到经济学中。

案例详情：回归分析是当今非常实用且常用的数据分析方法，但是你知道它的起源吗？下面就给大家介绍一下线性回归方法的提出过程以及它的提出者——英国著名的生物学家兼统计学家弗朗西斯·高尔顿的传奇人生。

为了研究父辈与子辈身高的关系，高尔顿和他的学生卡尔·皮尔逊收集了1 078对夫妇及其子辈的身高数据。他发现这些数据的散点图大致呈直线状态，也就是说，总的趋势是父辈的身材偏高（矮）时，子辈的身材也偏高（矮）。具体来说，以每对夫妇的平均身高作为自变量，他们的一个成年子辈的身高作为因变量，父母身高和子辈身高的关系可以拟合成一条直线，即子辈的身高 y 与父母平均身高 x 大致可归结为下述等式：

$y = 33.73 + 0.516x$(英寸)

根据换算公式 1 英寸 = 0.025 4 米进行单位换算后可得

$y = 0.8567 + 0.516x$(米)

这个拟合关系表明通过父辈的身高可以预测子辈（成年）的身高。假如父辈的平均身高为 1.70 米，则预测子辈的身高约为 1.73 米（大家可以用自己家庭人员的身高数据作为测试样本，验证一下这个公式的准确度）。

通过对这些数据进行深入分析，高尔顿发现了一个更为有趣的现象：当父辈身高高于平均身高时，他们的子辈的身高比父辈更高的概率要小于比他们更矮的概率；父辈矮于平均身高时，他们的子辈身高比他们更矮的概率要小于比他们更高的概率。结合前文的线性关系，我们可以得出结论：个子较高的父母，他们的孩子的个子也较高，但这些孩子的平均身高并没有他们的父母的平均身高高；个子较矮的父母，他们的孩子的个子也较矮，但这些孩子的平均身高却比他们的父母的平均身高高。这反映了一个规律，即子辈的身高有向他们父辈的平均身高回归的趋势。对于这个一般结论的解释是：大自然具有一种约束力，使人类身高的分布相对稳定而不产生两极分化。

1855 年，高尔顿将上述结果发表在论文《遗传的身高向平均数方向的回归》中，这就是统计学上“回归”定义的第一次出现。虽然“回归”的初始含义与线形关系拟合的一般规则无关（“线性”和“回归”是研究父子身高得出的两个方面的结论），但“线形回归”的术语却因此沿用下来，作为根据一种变量预测另一种变量或多种变量关系的描述方法。

案例二　从统计悖论悟人生哲学

一、引入

1981 年，党的十一届六中全会指出，在社会主义初级阶段，我国社会的主要矛盾是人民日益增长的物质文化需要同落后的社会生产之间的矛盾，这个主要矛盾贯穿于我国社会主义初级阶段的整个过程和社会生活的各个方面，这要求全国集中力量发展社会生产力，全力推进工业现代化。在经济相对落后的乡村社会，人们将教育作为出人头地的跳板，通过受教育进入城市，进而改善自身经济物质条件与社会地位成为普遍现象。“离农”的乡村教育价值取向主张乡村学生“跳出农门”，是一种以城市为中心的教育价值取向。

随着中国特色社会主义建设进入新时代，我国社会的主要矛盾已转化为人民日益增长的美好生活需要和不平衡不充分的发展之间的矛盾。其中，城乡发展的不均衡成为我国目前面临的主要问题之一。乡村教育工作者必须认识到，虽然在政府与人民的不断努力之下，乡村每家每户的生活有了基本保障，但是在精神层面，价值观的传递尚未得到有效筛选。1988 年 5 月推出的“燎原计划”要求，从我国的实际出发，农村教育应当面向当地农村经济建设的实际需要，大力发展职业技术教育。在学好文化课的基础上强调实用技术和经营本领的掌握，以期促进农村商品经济的发展。在当代社会中，城市化进程的不断加快导致城乡差距越拉越大，已有学者将目光置于乡村本身的发展。“为农”的乡村教育价值取向主张乡村教育应当立足于农村，发展农村商品经济。

我们运用演绎、逻辑推论的方法理解“离农”与“为农”两种乡村教育价值取向时，在应然层面上，两者看似能构成一对矛盾，人才是否应离开乡村、是否要建设乡村、如何处理农业与工业发展的关系等都会成为矛盾的一部分；在实然层面，二者却构成一个悖论，片面地理解“离农”与“为农”两种乡村教育价值取向，极容易陷入二元对立的思维模式。生活中处处都存在这种表面上同一命题或推理但实际隐含两个对立结论的悖论，接下来我们就以统计学的视角通过几个悖论去感悟矛盾的对立统一。

二、 统计学中的悖论

（一）辛普森悖论

1. 简介

当人们对两种变量的相关性进行研究时，有时会分别对其进行分组研究。辛普森悖论是在这种研究中，在某些前提下有时会产生的一种现象，即在分组比较中都占优势的一方，在总体评价中却并不占优势。换言之，当我们以分组和聚合两种方式统计同一数据集时，最后得出的两个趋势可能是完全逆转的。

辛普森悖论得名于英国统计学家辛普森（E. H. Simpson），这是他于1951 年阐述的一种现象，符号的反转早在 1899 年就被提及，但 1951 年在辛普森发表的论文中，这一现象才正式被描述解释，布莱斯（Blyth，1972）首次给这种反转贴上了“悖论”的标签。“辛普森反转”与“辛普森悖论”的区别在于前者是比例演算中的一个算术现象，而后者是唤起惊奇和不信任的心理学现象。

2. 案例

下面这个经典的实际案例出现在比克尔（P. J. Bickel）、哈默尔（E. A. Hammel）和康奈尔（J. W. O'Connell）的文献《研究生录取的性别偏差：Berkeley 的数据》（1975）中。

考虑一个大学的研究生院的数据（见图 3-1）。这个数据显示向这个大学申请的 9 000 位男性中的 4 000 位被录取进行研究生学习（44.4%），而 4 500位女性之中只有 1 500 位被录取（ 33.3% ）。这个案例是不是证明了性别不平等呢？不见得。图 3-1 中的数据是该大学 4 个系录取数据的整合。图 3-2 描述了各个系的原始数据。根据图 3-2，你会发现在每个系的女性被录取的比例比男性都要高。很明显，图 3-2 中未整合的数据比图 3-1 中整合的数据更好地描述了录取率。

	录取的人数	拒绝的人数	录取率
男性	4 000	5 000	44.4%
女性	1 500	3 000	33.3%

图 3-1　一个大学的研究生院的数据

	男性			女性		
系	录取的人数	拒绝的人数	录取率	录取的人数	拒绝的人数	录取率
A	2 000	2 400	45%	400	450	47%
B	1 200	1 000	55%	100	80	56%
C	700	900	44%	600	730	45%
D	100	700	13%	400	1 740	19%
总计	4 000	5 000		1 500	3 000	

图 3-2　各个系的原始数据

在上述案例中，各组的录取率有一定差距，比如 B 系录取率比较高，而 D 系录取率比较低。但是，两种性别申请者的分布比重呈现相反的情况，按性别来看，申请录取率最高的 B 系的女性人数很少，而申请录取率最低的 D 系的女性人数很多，并且二者差距较大，因此如果直接加总在一起，女性的综合录取率中 D 系的权重非常高，便导致最终的录取率较低。

（二）基础概率谬误（base rate fallacy）

1. 简介

基础概率谬误也称基础比率偏见，是一种概率谬误，多因没有考虑统计学上的基础概率而产生推论谬误。20 世纪 70 年代初，卡尼曼和特维尔斯基研究发现，人类在进行主观概率判断时，如果所获取的信息中既有一般信息（基础概率）又有具体信息（诊断信息），那么人们往往倾向于根据诊断信息进行判断，而忽略掉基础概率，导致判断结果与贝叶斯定理所给出的结论不符。也就是说，当人们拥有两种类型的信息时，倾向于根据具体信息进行直观判断，而把基础概率抛之脑后，导致判断结果与贝叶斯定理所给出的结论大相径庭，从而产生“谬误”。

基础概率谬误的提出是对以贝叶斯定理为基础的决策理论的一个挑战，虽称之为“谬误”，但是有时可以是合理的决策方法。产生基础概率谬误的主要原因是：

（1）人们在处理贝叶斯问题时倾向于采用代表性启发策略。也就是说，人们会把那些与证据的本质特征最为相似的事件作为结果。人们根据代表性启发策略进行判断的时候，他们是通过相似性确定概率的，而相似性是不会受基础概率影响的。

（2）人们在进行主观概率判断时，与问题不太相关的偶然基础概率往往被忽略。因果基础概率存在一个因果因子，用来解释为什么某个特殊情况更有可能产生这种结果而不是其他结果，所以不易被忽略掉。此外，人们认为相关性的大小体现在：相对于所需要判断的事件来说，如果一条信息比另外一条信息更加明确、特殊，那么这条信息就比另外那条信息的相关性大。

(3) 人们会将自己对某个团体的看法延伸到这个团体中每个成员的身上，通常与“因果基础概率”相联系。我们记忆里存储与所有这些事物或人相关的一个或多个“规范的”典型形象，而不会顾及基础概率。

2. 案例

一名出租车司机被指控在一个暴风雨的夜晚撞倒了一个行人，然后逃离了事故现场。公诉人在要求定罪时，整个案件只有一个目击证人的证词。一个从远处看到事故的女士声称行人是被一辆蓝色出租车撞倒，然后看到那辆出租车驶离了现场。绿色出租车占 85%，蓝色出租车只占了 15%。这名证人在与事故当晚类似的条件下接受了多次视力测试。事实证明，她能够在 80%的情况下正确识别蓝色和绿色的出租车。也就是说，在视力测试中她看到的所有蓝色和绿色的出租车中，每 5 次中有 4 次是能识别正确的颜色。大多数人认为该肇事车辆是蓝色车的概率是 0.8，事实上，根据贝叶斯定理计算：

设 A 为看到一辆蓝色出租车，B 为证人说的正确。当晚看到是蓝色出租车的全概率如下：

$$
\begin{aligned}
P(A) &= P(B)P(A \mid B) + P(\bar{B})P(A \mid \bar{B}) \\
&= 80\% \times 15\% + 20\% \times 85\% \\
&= 29\%
\end{aligned}
$$

那天晚上女士看到一辆蓝色出租车，并且蓝色出租车确实是肇事车的概率如下：

$$
\begin{aligned}
P(B \mid A) &= \frac{P(AB)}{P(A)} = \frac{P(B)P(A \mid B)}{P(A)} \\
&= \frac{80\% \times 15\%}{29\%} \\
&\approx 41.38\%
\end{aligned}
$$

肇事车辆是蓝色出租车的概率为 0.41。

实际上，这个问题中有两类信息：一类是两种出租车各自所占的市场份额，即基础概率（一般信息）；另一类是目击证人的证词，是与问题直接相关的信息（具体信息）。当人们进行直观概率判断的时候，往往把注意力集中在目击证人的准确率为 80%这一具体信息上，而完全忽略基础概率，即蓝色出租车的市场份额只有 15%这一信息。显然，人们进行主观判断时，并不会严格遵守贝叶斯定理，容易出现似于出租车问题中的“基础比率谬误”。

对于这个案例，增加一般信息：警察局调查发现，事发地点离蓝色出租车公司的总部比较近，在那个事发地点附近区域，80%的出租车都是蓝车，只有 20%的是绿车。我们用一个精算信息（actuarial information）代替了目击者的证词，而这个精算信息比基础概率更具体一些。因此，它就控制和支配了那个更加一般的基础概率。但精算信息和目击者的证词之间不能画等号，只能算是一般信息，只是比基础概率信息更加具体一些。如果把基础概率称为第一基础概率的话，那么，精算信息可以被称为第二基础概率。

（三）伯克森悖论

1. 简介

伯克森悖论指的是对于两个独立的事件，认知者误以为这两个事件具有某种相关性，通常发生在两个相互独立的集合中。相互独立意味着两个集合之间没有任何联系，但是如果我们只看两个集合中的某个子集，那么此时也许这两个子集中的元素是负相关的。

例如，抛掷 A、B 两枚硬币，“硬币 A 的哪一面朝上”与“硬币 B 的哪一面朝上”原本属于两个独立事件。然而，若给定了“恰好有一枚硬币正面朝上”这一结果，则这两个事件就不再相互独立了——若硬币 A 正面朝上，则硬币 B 必定反面朝上，反之亦然。上例说明若两个独立事件会产生相同结果，则以这个结果为条件，这两个原本独立的事件就不再相互独立了，即两个原本独立的事件现在呈现负相关关系，这就是所谓的伯克森悖论。

2. 案例

某研究员想探究学习成绩与运动能力是否存在相关关系。他对某县城的一所重点高中展开调查，这所高中招收了很多学习成绩较好的初中生，同时也招收一些体育特长生。通过抽样调查，他发现学习成绩在前 30%的同学，体育成绩一般在后 50%；而体育成绩在前 30%的同学，学习成绩基本都在后 50%。于是他得出一个结论，学习成绩与运动能力是呈负相关关系的。这一结论是否靠谱呢？答案肯定是不靠谱。其实这是一种被称为伯克森悖论的统计谬误。

回到学习成绩与运动能力呈负相关这个例子。该例之所以属于伯克森悖论，是因为学校实行的招收政策——招收学习成绩好的初中生，或者学习成绩不好但体育好的学生。在这种招生政策下，学习成绩好与运动能力强会产生相同的结果——被该所高中录取。因此，即使学习成绩与运动能力没有任何关系，在这所高中我们也会发现两者具有负相关关系。对于学习成绩较差且运动能力也较差的初中生，由于他们没有机会进入这所高中，从而也就没有机会被观察到。

伯克森悖论在学术研究中常常出现，许多研究者有可能会因为忽视这一悖论而得到错误的结论。例如，对于银行贷款客户数据进行研究，这类数据有一个重要的特点：这是一个受限样本，即所收集的基本都是已经获得贷款的人员的信息。若没有注意到这一个特点，则很容易中伯克森悖论的“招”。

总的来说，伯克森悖论表明基于对受限制样本的观察，常常成为日常生活和学术研究中获得错误结论的根源。在日常生活中，我们要抵制因伯克森悖论产生的偏见，有时候眼见不一定为实，多想想我们没有看到但确实有可能发生的事情。在学术研究中，基于某些特定的目标，我们通常会将一些特殊的研究对象作为观察样本单元。此时我们也一定要注意，在选取研究对象的因素之间，很容易出现一种虚假的相关性。这种虚假的相关性很可能被研究者视为“漂亮”的实证结果，但是这其实只不过是毫无意义的统计学谬误。

三、 统计学悖论中蕴含的思政元素

1. 悖论是自相矛盾的一种特殊形态

矛盾无处不在，无时不有，在对立统一中推动事物发展。矛盾的对立统一是事物普遍联系的根本内容。矛盾的双方总是“相比较而存在，相斗争而发展”的。在前述经典案例中，总体与个体之间的录取率存在较大差异，两者是对立的，但是不可否认二者来自同一总体。然而，恰恰是这种对立引导我们发现辛普森悖论，促进统计学科的发展和人们认识的提高。矛盾是事物存在的深刻基础，也是事物发展的内在根据。从一定意义上说，事物就是矛盾，世界就是矛盾的集合体；没有矛盾就没有事物或世界，没有矛盾就没有事物或世界的发展。

悖论是指在某些公认正确的背景知识下，可以合乎逻辑地建立两个矛盾语句相互推出的矛盾等价式。它主要由三个要素共同决定：其一是要有公认正确的背景知识，即别论涉及认知主体；其二是正确无误的逻辑推理，也就是合乎逻辑的推理；其三是要能建立矛盾等价式，也就是要能够推出矛盾，满足以上三个条件就是严格的逻辑悖论。可以看出悖论与矛盾是存在相关性的，事实上，逻辑悖论不是独立于逻辑矛盾与辩证矛盾之外的第三种矛盾，而是自相矛盾的一种特殊形态。悖论所揭示的矛盾状况是在主体被发现之前就已经客观存在的，它被揭示的原因在于主体以逻辑推导的方式将其构造出来，它的产生与认知共同体密切相关，说明主体公认正确的知识系统存在缺陷，并且信念的可接受程度越高，主体对它的公认度越高，其所蕴含的悖论的"悖谬度"就越高。

正如伊曼努尔在两百年前提出的论点：在人类理性结构中先天地存在导致悖论的必然性。他指出：当理性一方面根据一个普遍承认的原理得出一个论断，另一方面又根据一个也是普遍承认的原理，以最准确的证明得出一个恰好相反的论断，被称作"理性的辩证幻想"。任何思维都是历史的、时代性的，它总是由一定矛盾决定，并在一定矛盾中运行。人类思维的发展史证明，如果排除思维的内在矛盾，就会陷入更深刻的矛盾中。排除思维中的辩证矛盾，抽象地谈思维的绝对性、全面性、无矛盾性是不恰当的。随着各种经典性认识向非经典性认识转化，思维中的"悖论"也不断产生。

2. 认识的影响因素和认识的两大规律

在现实生活，我们常因伯克森悖论产生偏见，产生偏见的原因之一就是我们缺少深层次的思考，对事物的认识停留在感性认识，没有实现从感性认识到理性认识的飞跃。感性认识是认识的初级阶段，是人们在实践的基础上，通过感官直接感受到的关于事物的现象、事物的外部联系、事物的各个方面的认识。理性认识是认识的高级阶段，是人们借助抽象思维，在概括整理大量感性材料的基础上，达到关于事物的本质、全体、内部联系和事物自身规律性的认识。从感性认识到理性认识的飞跃必须具备两个基本条件：一是勇于实践，深入调查，获取十分丰富和合乎实际的感性材料。二是必须经过理性思考的作用，运用理论思维和科学抽象，将丰富的感性材料去粗取精、去伪存真、由此及彼、由表及里地加工制作，形成系统的概念和理论。

我们对一个事物只进行一次了解是不够的，还要进行再认知，反反复复以至无穷。认识过程的反复性，是指人们对于一个复杂事物的认识往往要经过由感性认识到理性认识，再由理性认识到实践的多次反复才能完成。从客观方面看，事物的各个侧面及其本质的暴露有一个过程；从主观方面看，人的认识能力有一个提高的过程。认识过程的无限性，是指对于事物发展过程的推移来说，人类的认识是永无止境、无限发展的，它表现为“实践—认识—再实践—再认识”的无限循环，由初级阶段向高级阶段进行不断推移、永无止境的前进运动。这种认识的无限发展过程，在形式上是循环往复，在实质上是前进或上升。

3. 分清现象与本质，处理好整体与局部的关系

悖论的存在并不是一种稀有的现象，在现实生活中非常普遍，特别是在社会科学和医学中。例如，医学上新开发的药物对疾病是否有效，新入学的学生是否受到性别的歧视，中国经济的腾飞与生活水平的降低是否有关，吸烟是否有害健康，等等。现实中的方方面面都会出现辛普森现象。用辛普森悖论来解释这些现象能真正了解现象的本质，从而使人们做出正确的决策。

此外，以辛普森悖论为例，它较好地阐释了我国古代“管窥蠡测，知其孤陋；一叶障目，不见泰山”的深刻哲理，若要尽可能地避免该悖论带来的认知上的误区，我们需要跳出局部，从更高的视野看待问题，在建模过程中仔细推敲各个分组的比例权重，消除组间基数差异对整体结果造成的影响，综合评价整体与局部二者之间的关系，既不以偏概全，也不以全概偏，从多角度看待问题，据以做出正确客观的判断评价。

案例三　民生状况调查

一、 案例概况

1. 案例教学适用范围

本案例适用于本科生统计学课程中的统计数据的收集、整理与显示的教学与培训。

2. 案例教学目标

（1）知识目标

学生可以利用统计调查方法收集统计数据、整理统计数据以及熟练有选择地运用统计表和统计图显示数据。

（2）能力目标。

解决问题的能力：学习完统计数据的收集、整理与显示以及了解一些具体的实例后，学生可以应用该理论方法解决很多实际生活中的问题，熟练使用该方法，解决最基础的数据整理问题，为接下来的经济分析提供数据基础，从而创造价值。

关注民生的能力：通过对统计数据理论基础、实践应用、存在的错误、错误规避等知识点的学习，学生能够将知识运用到实际生活中，了解我国中心城市的居民对经济生活、宜居环境、社会保障、文化教育、公共管理和社会参与六方面的满意度情况。

（3）价值目标。

形成良好的研究习惯：通过掌握统计数据的收集、整理与显示的相关知识，学生能够深入了解民生满意度调查方案设计、指标的选取以及指数的构建方法，能正确认识科学技术与科学研究方法，养成严谨、求实、创新的科学研究习惯。

二、案例正文

中国共产党第十八届五中全会部署了2020年如期全面建成小康社会的战略任务，全面建成小康社会为中国人民整体迈向富裕生活阶段奠定坚实基础，是中华民族伟大复兴历程中具有划时代意义的重大事件。在全面建成小康社会的决战阶段，我们需要全面系统地了解我国民生事业现状，了解广大民众最实际、最真切的民生感受，把握民众最关心、最现实的民生期盼，为各级政府精准施策提供可靠的依据，为社会科学界提供贴近民众生活、把握民众诉求的实际数据，推进社会经济政策研究，促进中国特色民生事业的持续进步。那么，在统计学意义上如何衡量民众的幸福感呢？

首先，影响民众幸福感的因素有很多，并且人们的感受不是直观的统计数据，也存在一定的主观性。学会运用数据整理和显示工作，学会统计学中数据的表达方法，可以帮助我们合理地解决该问题。

构建指标体系是一种常用的构建综合指数变量的方法，可以帮助我们综合影响因素，构建出一个全面的指标。构建指标体系通常需要先确定一级和二级指标，通常一级指标是概括性的指标，二级指标是可以收集到的数据的具体指标，也是构建指标体系的关键。之后我们可以根据指标之间以及与我们研究的问题之间的关系来设计指数。

一个好的指标体系通常需要包含以下特点：从使用角度来看，有价值，可衡量真实情况，数据可被收集，大家都认可；从技术层面来看，容易收集并能快速衡量，准确度高，可被多维度分解，有单一数据源。

以四川省居民消费研究会、西南财经大学统计学院及西南财大消费经济研究所协同创建的“西南财经大学中国民生指数研发中心”构建的民生满意度指数为例，其指标体系围绕居民民生有关的基本方面，精心设计了6个满意度一级指标和20个满意度二级指标：

（1）经济生活——家庭收入、居住地物价、家庭住房；

（2）社会保障——就业、医疗、养老；

（3）文化教育——教育消费、旅游消费、健身休闲、文化娱乐；

（4）生活环境——空气质量、饮水质量、居住环境、交通状况；

（5）公共管理——社会治安、食品安全、政府效率、信息反馈；

（6）社区事务——社区参与、邻里关系。

需要特别指出的是，民生问题涉及面广、内容丰富，影响居民满意度的因素事关各个民生领域，各种影响因素错综复杂又相互衔接依托。尤其是各个城市之间社会经济发展差异较大，要深入把握近万份调查问卷所揭示的问题，特别要是对民生满意度各项指标进行系统分析，势必要求系统深入地掌握国家和各个地区社会经济发展的方方面面，深入把握各省（市、区）及各个省会城市各个方面的历史沿革与实际情况。

根据此民生满意度指标，我们发现可能会产生以下两个问题：各个区域之间、同一区域的不同省会城市之间，由于各个城市的面积、类型、人口结构、社会经济发展水平及历史沿革等不同，特别是不同城市民生需求的内容、需求层次以及民众对民生改善步伐的感受等各方面都存在明显差异，因而我们不宜将各个城市各项满意度指数进行简单的数值比较，因此我们对指数进行了调整，省会城市各类、各项民生满意度指数值，特别是东、中、西、东北四大区域之间各省会城市的指数值，只反映相对而非绝对的意义。另外，主观性评判容易受到被调查者本人的主观因素（包括对客观事实的认知水平及了解程度，甚至接受调查时的情绪和心境等）的影响，为此，本指数体系又适当补充了部分客观性指标。

指标体系构建结束后，我们需要根据构建的二级指标收集数据，这就考察到我们收集数据的能力，不同的数据规模需要设计不同的数据采集方式，民生满意度指标数据采集和调查方式如下：

采用问卷面访的方式进行数据采集。我们向全国大陆地区各省会城市和直辖市派遣访问员，随机抽选住户，由访问员对住户进行访问，并填写代填式问卷，采用回收问卷数据的方式进行数据采集。该采集方式收集的数据准确性更高，可信度更强。

采用“随机抽样为主，配额抽样为辅”的方式进行抽样调查，调查整体的抽样方案为两阶段分层随机抽样：第一阶段采取分层抽样方法，从各中心城市中抽取若干个街道；第二阶段采取等距抽样方法，从街道中等距抽取住户。具体说来分为以下步骤：

（1）将全国 31 个省会城市和直辖市（港澳台地区除外）分为 4 个档次共 31 层：

第一档为北京、上海、天津、重庆等直辖市；

第二档为沈阳、长春、哈尔滨、济南、南京、杭州、广州、武汉、成都、西安等副省级城市；

第三档为长沙、合肥、郑州、昆明等人口超过 500 万人的省会城市；

第四档为海口、贵阳、西宁、拉萨等人口不足 500 万人的省会城市。

我们按纯随机抽样方法计算每层样本量，以省（市、区）为抽样总体，每个省（市、区）的最低样本量最好不低于 385 个基本调查单位（户）（按 95%的置信概率，90%的相对误差控制限设置）。

（2）根据每个城市的人口，我们进行分层抽样，确定每个城市的调查样本数，为实施方便，调查样本数按就近原则取 100 的整数倍。总共的样本容量为 11 000 户。

（3）实施第一阶段抽样，在每个城市建立街道（镇）为抽样单元的抽样框，在每一层内按抽样框做规定样本量的随机抽样，抽出被调查的街道样本，本次调查为兼顾可实施性和数据代表性，每个街道规定访问 20 户，即第一阶段抽样共抽出 550 个街道。

（4）对抽中的街道（镇），进行第二阶段抽样，对每个城市派出督导，督导到达该城市后了解欲调查的街道的详细情况，指定该街道访问线路，确定每个街道的组距，访问员按督导指定的线路等距抽取住户，进行抽样调查；本次调查为保证样本代表性，还规定了每个街道样本的配额。

（5）对于抽中的样本，若遇特殊情况不能进行调查，由督导请示领队教师后进行补充抽样和样本替换。

三、案例分析

1. 案例蕴含的思政元素

（1）社会主义核心价值观。

中国特色社会主义文化理论是马克思主义文化理论与中国实际相结合的产物，是中国特色社会主义理论体系的重要内容，是推动社会主义文化繁荣兴盛、建设社会主义文化强国的基本遵循。培育和践行社会主义核心价值观，是新时代坚持和发展中国特色社会主义的重大任务。以倡导富强、民主、文明、和谐，倡导自由、平等、公正、法制，倡导爱国、敬业、诚信、友善为主要内容的社会主义核心价值观回答了培养什么人的问题，培育和践行社会主义核心价值观必须深入社会各方面、教学生活各层次中，让同学在日常学习生活中感知、领悟、培育、弘扬。

在统计数据的收集、整理与显示的教学过程中，除了基本内容的教授，我们还应培养同学们对于数据整理的能力，为社会相关研究提供参考资料。

在教学过程中我们以此正确引导学生对待学习生活科研出现的其他问题，将社会主义核心价值观融入数据工作中，使之真正内化为能力。

（2）对中国民生的关注。

民生，即人民的生活，与常用的“福祉”（well-being）相近；与其对应的范畴是“国计”（治国大计，国家经济）。从广义上看，民生是指居民的日常生活事项，包括吃、穿、用、住、行、就业、教育、娱乐、旅游、医疗、健身休闲等各类生活消费活动，以及居民个体在家庭、工作场所及公共场所活动的自然环境和社会环境（空气、水、动植物状况，以及经济发展、收入、市场、消费价格、公共管理、消费者权益保障等）。可见，民生内涵包括居民生活的物质生活层面、精神生活层面、社会生活层面和生态生活层面，其实质是指民众的基本生存和生活状态，以及民众的基本发展机会、基本发展能力和基本权益保障的状况。显然，民生又是一个历史性范畴，在不同社会经济条件及不同社会发展阶段，民生的内涵与外延会不断被拓展与更替。

习近平总书记明确指出：“我们的人民热爱生活，期盼有更好的教育、更稳定的工作、更满意的收入、更可靠的社会保障、更高水平的医疗卫生服务、更舒适的居住条件、更优美的环境，期盼孩子们能成长得更好、工作得更好、生活得更好。人民对美好生活的向往，就是我们的奋斗目标。”由此清晰地表达了民生即人民群众切身利益的科学内涵，深刻阐释了经济社会发展与人民生活之间、民生改善与党和政府的宗旨之间的密切联系。

基于此，民生，即有助于民众提高生活水平和生活质量的相关事物。它包括居民的经济生活——拥有随劳动生产率提升而增长的货币收入，能够满足个人和家庭提升消费水平和改善消费结构的需要，拥有舒适的住房，拥有稳定适宜的消费生活价格；居民的文化教育生活——拥有优质的教育和丰富多彩的文化生活、旅游生活和健身休闲生活；居民的社会保障——拥有稳定适宜的就业环境、称心可靠的医疗保障、舒适满足的养老生活；居民的生活环境——拥有优美的空气和干净的饮用水、便捷的公共交通；公共管理生活——拥有优良安全的社会治安环境，安心放心的市场食品供给体系，高效能、高效益的政府民生管理；居民的社会参与——能参与公共事务管理，拥有和谐舒心的社区邻里关系；等等。本案例尽力从上述广义角度把握中国当代民生范畴的丰富内涵，这是本案例进行民生满意度调查的基本路径、涉及的主要领域及各类、各级指标设置的初衷及基本思路，也能提高学生对民生事业的关注度。

2. 对案例的进一步思考

近几年以来，对民生问题的研究，特别是对民生状况、民生事业建设的进展和评价，以及民生事业的发展前景等的研究，受到学术界的高度重视，成为国内外社会科学研究的热门课题。国内民生问题研究主要聚集于民生事业发展的轨迹、民生进步的业绩及其存在的问题、政府的责任及其实施方式、改善民生的相关重点领域及其对策建议等。国外民生问题研究主要集中于各阶层财富状况及差异、社会福利供给对经济增长的影响，特别注重各专项民生领域如营养、食品、人居条件、环保、能源、减灾、医疗、教育等的公民的诉求及参与状况方面。基于历史沿革及其发展水平的差异，国外民生的内涵及民生问题的研究视角与我国有所不同，但其研究方法值得我们借鉴。

在国内外民生问题研究中，考察民生状况及其社会政策实施在民生改善的效果评价中占有重要的分量。其研究成果直接服务于政府政策及社会各界相关行动的实施和调整。对当代中国民生状况的评价是一个复杂、多角度、全方位的综合评判系统，通常采用的研究方法包括纵横结合研究法、主客观结合研究法、定性分析与定量分析结合研究法、多学科综合分析法、国内外比较研究法等。

此案例旨在通过由民众满意度检验民生改善的真切效果，直观反映中国各省会城市民生事业的进步及存在的问题，力求构建省会城市民生评价的指标体系及其基本的研究框架。但是需要说明的是，此案例调查结果中的省会城市各类、各项民生满意度指数值，特别是东、中、西、东北四大区域之间各省会城市的指数值，只反映相对而非绝对的意义。各个区域之间、同一区域的不同省会城市之间，由于各个城市的面积、类型、人口结构、社会经济发展水平及历史沿革等情况不同，特别是不同城市民生需求的内容、需求层次以及民众对民生改善步伐的感受等各方面都存在明显差异，因而不宜将各个城市各项满意度指数之间进行简单的数值比较，不宜做出简单化的优与劣结论，这难以准确把握各个城市保障和改善民生的实际进步及其努力方向。要力求做到全面地、历史地、多角度地分析指数值的内涵及其反映的民众诉求产生的原因和条件，是一项颇具挑战性的任务，有相当的难度，限于资料及研究水平的不足，加之缺乏开展大型调研的经验，调查结果势必存在若干遗憾与不足之处，还需要同学们进一步完善。

四、教学反思

1. 课程设计

请用本案例完成统计学统计数据的收集、整理与显示知识点教学，建议安排 2 个课时（90 分钟）。教学组织安排如表 4-1 所示。

表 4-1 教学组织安排

学习阶段	学习内容	时间限制	学习目标
课前	分小组，预习课本中关于统计数据的收集、整理与显示的内容	上课前两天	熟悉统计数据的收集、整理与显示的内容
课中	教师介绍统计数据的收集整理	20 分钟	理解统计数据的收集和整理方法
	教师介绍统计数据的显示	20 分钟	熟悉数据显示方法
	教师介绍课程内容中的思政元素	10 分钟	了解统计数据的收集、整理与显示中的思政元素
	分组讨论课后思考启发题	10 分钟	回顾知识点，加深理解运用
	抽 6 个小组展示对课后思考题的分析（每两个小组分别解决同一个问题）	30 分钟	加强实践能力，锻炼学生的理解和表达能力
课后	完成课后习题，复习统计数据的收集整理与显示的内容	—	增强记忆，加深理解

2. 学生反馈

融入课堂教学的思政内容与专业知识一样，也需要经过迁移和体验的过程，从而可能获得学生的情感价值认同，最终内化为能力和修养。在统计学专业知识的教学中融入课程思政的内容，需要通过上课教学、课堂内讨论以及课堂外练习和实践才能被逐步内化。通过此次案例的分析学习，学生能够掌握统计数据的收集、整理与显示知识。案例主要是实际经济生活中的例子，我们认为实践和案例的形式还可以多样化。例如，以学生的论文中的例子进行分析，这样的形式会更贴近学生，学生理解也会更加深刻，同时也更加具有针对性，更具个性化，如何在普遍性和针对性之间进行取舍，这将是今后努力探索的方向之一。

3. 总结

通过学习本案例，首先，学生要对统计数据有一定认识，掌握统计数据的收集、整理与显示。其次，期望学生在以后的科学研究中能够运用统计数据的收集、整理与显示方法所包含的辩证思维方法来拓展延伸。

五、 参考文献

［1］向蓉美，王青华，马丹. 统计学［M］. 2版. 北京：机械工业出版社，2019.

［2］布莱洛克. 社会统计学［M］. 沈德元，等译. 北京：科学出版社，1987.

［3］《中国特色社会主义理论与实践研究》编写组. 中国特色社会主义理论与实践研究［M］. 北京：高等教育出版社，2018.

［4］李欢，李小鲁. 和谐社会视野下构建公民幸福感指标体系的文献综述［J］. 大理学院学报，2008（1）：30-33.

［5］《马克思主义基本原理概论》编写组. 马克思主义基本原理概论［M］. 北京：高等教育出版社，2018.

案例四　人口普查中的统计学

一、案例概况

1. 案例教学适用范围

本案例适用于所有本科生统计学相关课程。

2. 案例教学目标

2021 年 5 月，第七次全国人口普查结果公布。人口统计是人口普查所涉及的主要统计学内容。人口统计既是国家制定人口政策的重要依据，同时也是国家制定各项规划的重要依据，其不仅具有推测功能，还可以通过结果分析以对国家或地区卫生保健方面的工作质量进行评价。我国是最早进行人口普查的国家，现代的人口普查包括统计、统计整理与统计分析三个阶段。人口普查主要包括不确定性理念、质量理念、变异性理念与置信理念等统计学理念。近年来，计算机技术迅猛发展，我国人口普查的统计信息化建设得以不断进步，有助于解决普查数据统计年与非统计年时效性、部分准确性差等问题，并有利于加强普查工作的组织实施。本案例旨在让同学们结合人口普查的理论与实践对人口普查这一活动的重要性与其包含的统计学知识有更深层次的理解。能力目标旨在要求同学们在人口普查实践中做到“实事求是”，在统计人口普查数据时要具有辩证思维。价值目标旨在要求同学们了解人口普查的重要性，为国家制定政策出一份力。

二、案例正文

新中国成立以来，我国已进行了七次人口普查，在 2019 年 11 月，经李克强总理签批，国务院印发《关于开展第七次全国人口普查的通知》。根据《中华人民共和国统计法》和《全国人口普查条例》规定，国务院决定于2020年开展第七次全国人口普查。2021年5月，第七次全国人口普查结果公布。作为一项覆盖面广、专业性强的普查工作，人口普查包含了统计学、系统学、信息学、心理学等多方面的专业知识。从统计学角度上来看，人口普查涉及的统计学内容主要是人口统计。人口统计是政府统计中的一个重要内容，也是统计学最早涉及实际应用的内容之一。内容主要包括对人口的各种社会特征以及生物特征的现状、变动及变化趋势的收集以及描述性统计，其中社会特征包括被调查者的职业、家庭关系、教育背景等内容，生物特征则包括被调查者的性别、年龄等内容。

人口统计既是国家制定人口政策的重要依据，也是国家制定各项规划的重要依据。在使用人口统计的历史案例中，有几个比较经典的案例，法国数学家拉普拉斯依据1745—1770年巴黎的人口统计数据推断认为男婴和女婴的最佳比例是106∶100。此外，人口统计还有预测的功能，曾经也有学者通过1889—1989年德国人口情况推测出了2000年的德国人口情况。而除了推测的作用外，国家还能通过人口统计的结果对国家或地区卫生保健方面的工作质量进行评价。

人口普查是统计调查在人口统计中的一种应用方式，而国家进行人口统计的主要方法是进行人口普查。统计调查是根据调查的目的与要求，运用科学的调查方法，有计划、有组织地收集数据信息资料的统计工作过程。统计调查的方法有很多，常见的包括普查、抽样调查、统计报表、重点调查和典型调查。普查是为特定目的而专门组织的一次性全面调查。而人口普查是普查这一调查方法最常见的应用。具体来说，人口普查是通过统计调查员的调查走访，对全国的人口情况进行一一登记的一种调查方法，它规定以某个特定时点作为统计时点，调查全国人口在特定时点的生物特征以及社会状态。根据调查对象的范围不同，统计调查还可以分为全面调查和抽样调查，显然人口普查属于全面调查的一种。而根据登记时间是否连续，统计调查可以分为经常性调查与一次性调查，人口普查则是属于一次性调查。按调查的组织方式不同，统计调查还可以分为统计报表制度和专门调查，人口普查则是属于专门调查的类别。

基于人口统计的重要性，国家对人口普查是极其重视的。资料显示，我国是最早进行人口普查的国家，最早的人口普查源于描述大禹的“平水土，分九州，数万民”中的“数万民”的说法。但现代意义的人口普查，则是从新中国成立后才开始的。第七次全国人口普查的标准时间为 2020 年 11 月 1 日。因此，我们选取人口普查进行案例分析具有时效性。对于现代人口普查的分类，主要分为静态人口普查和动态人口普查。静态人口普查就是对全国每个人在某个时点的人口情况进行普遍的调查。动态人口普查则是对被调查者进行人事登记，具体的人事登记内容包括被调查者的生老病死、人口地区的迁徙、婚姻状况的变动情况等。我国现行的人口普查实行的是静态人口普查与动态人口普查相结合的科学普查方法。因此，通过现行的人口普查方式，国家可以详细掌握人口姓名、人口性别、人口年龄、单位人口的户口登记状况、人口民族、人口的文化程度、人口的行业与职业以及不在业人口状况、婚姻状况、妇女的生育子女数量和现有子女数量等情况。

现行的人口普查一般分为三个阶段，第一个阶段是统计调查，第二个阶段是统计整理，第三个阶段是统计分析。在第一个阶段的统计调查中主要通过三种形式进行，分别是访问、登记、通讯。访问的操作形式是统计调查员进行实地调查，邀请被调查者填写相关表格，进行原始资料的登记。登记则是统计调查机构规定当事人在某些规定事件发生后到相关机构进行登记，从而进行原始资料的收集。通讯则是调查者针对某些特定的被调查者进行专题调查的形式。在我国现行的人口普查中，主要使用的形式是访问和登记，通讯形式则是作为辅助形式进行的。我国的人口普查采用全面调查的方法，以户为单位进行登记。普查采用按现住地登记的原则，每个人必须在现住地进行登记。普查对象不在户口登记地居住的，户口登记地要登记相应信息。普查登记采用普查员入户询问、当场填报，或由普查对象自主填报等方式进行。普查数据采集原则上采用电子化的方式，普查员使用电子采集设备（Pad 或智能手机）登记普查对象信息并联网实时上报，或普查对象通过互联网自主填报。普查员应按照工作要求，在户口整顿基础上对所负责普查小区进行全面摸底，掌握普查小区内的人口和居住情况，编制“户主姓名底册”，根据“户主姓名底册”进行入户登记工作，并参考部门行政记录等资料进行比对复查，确保普查登记信息真实准确、不重不漏。

现行人口普查的第二阶段则是统计整理。在第一阶段中通常通过走访、调查、通讯三种形式获得人口的原始资料，随后专门的统计人员对原始资料进行统计整理。在对原始资料进行统计整理时，统计人员需要将这些资料进行汇总、分组归类，然后经过精细加工才能形成规范的人口数字资料，从而为统计分析奠定信息基础。统计整理的内容主要包括总人口、出生人数、死亡人数、年龄、文化程度、民族等内容。统计人员通过对这些人口特征数据进行整理，为统计分析提供数据基础。另外，在数据的展现形式上，在统计整理阶段，根据统计形式的不同，统计人员也要对不同的数据形式进行整理。由于人口普查分为静态人口普查与动态人口普查，其分别对应了不同的指标内容，在我国的人口普查中，静态指标包括人口密度、人口性别构成、人口年龄结构、人口的地区分布或构成、人口职业构成等，而动态指标包括出生率、死亡率、迁入率、迁出率、结婚率、离婚率等。所以，在对两种普查指标结果进行数据整理时，统计人员要分别用绝对数和相对数的表现形式进行。

人口普查的第三阶段则是统计分析。统计分析主要是通过一定的统计方法对第二阶段统计整理所得到的数据进行分析，以便从数据中获得规律性的结论。例如，我们可以通过人口普查得到的数据算出人口年平均增长率，根据李自珍（1982）的研究，人口年平均增长率的公式如下：

$$\text{人口年平均增长率} = (Y1 - Y0)\sqrt{\frac{P1}{P0}} - 1$$

其中，$Y1$ 和 $Y0$ 分别为当年与初始年份，$P1$ 和 $P0$ 则分别为当年与初始年份的总人口数。因此，在统计分析阶段我们可以通过两次人口普查的结果得出在两次人口普查年份期间的人口年平均增长率。此外，我们还可以通过统计分析算出人口平均预期寿命，一个国家的人口平均寿命关系着这个国家人民的健康水平，所以是一个关乎国家民生的重要内容。在统计分析阶段，通过人口普查的数据算出人口平均预期寿命对国家未来制定民生政策具有重要指导意义。

通过了解人口普查的流程和意义，我们可以总结人口普查中的统计实践理念，主要包括不确定性理念、质量理念、变异性理念与置信性理念等。不确定性理念主要讲的是人口普查过程存在很多的变数，在进行静态人口普查时会出现人户分离，由此导致对同一调查者登记两次的情况；在动态人口普查中则会出现被调查者隐瞒社会特征或不配合调查等不确定性较强的情况。质量理念则是说对于调查结果除了要注重数量方面，还要注重质量方面，具体来讲是要求调查者在调查人口情况时要具有分辨事实的能力，对于明显隐瞒或者误报特征的情况要予以识别，不能只要求完成该地区数量上的填报。变异性理念主要体现在统计整理与统计分析阶段。人口普查中经常会存在变异情况，如人口的年龄构成与预期结果大相径庭等问题，在统计时对于变异问题需要秉持科学统计的原则，对具有变异现象的情况进行科学的描述，从而总结出趋势与规律。在所有的统计学问题中，误差都是不可避免的，所以在人口普查中也是一样的。由于误差的存在，人口统计的结果通常不会严格满足唯一性，而误差会降低统计结果的可信度和精确度，这也就是统计学中常说的置信度问题。置信区间是统计学中常用的概念，所以在人口普查中也有应用。人口统计中通常会出现一种结论，即有 90%的把握将实际值落入预期目标的标准误差内。这个结论给出的就是一个置信区间，置信区间给出了与特定概率相对应的总体的估计范围。人口普查中的置信理念更是体现了人口普查中统计学应用的科学性。

到目前为止，我们了解了人口普查中统计学的内容、流程以及统计理念，那么在现有的人口普查中，是否有需要改进的地方呢？或者说从统计学角度应该怎样去看待人口普查中存在的问题呢？由于人口普查涉及的人口较多、地域较广，所以在实施过程中总是存在一定的问题。目前人口普查中主要存在以下问题：一是普查数据和非普查年份对数据的应用不匹配，由于我国目前每十年进行一次人口普查，如果需要在非普查年份使用普查数据，则会存在一个时效性的问题，而且很多地区对于一些流动人口及常住人口的统计也并不完善与及时，所以普查数据的时效性较难保证。二是普查资料的使用率低，除了第一点提到的数据时效性问题造成了普查资料的使用率低之外，还有大多数研究者或者机构对于普查数据的重视度不够。三是普查数据的不准确问题，由于我国实行了多年的计划生育政策，一些超生家庭因害怕超生罚款而选择瞒报新生儿情况，最终会导致全国的新生儿数据有误；另外由于一些遗产纠纷，一些家庭也会瞒报家中亲人的死亡情况，由此也造成死亡率的估算结果有误。那么既然存在这些问题，我们应该怎样从统计角度解决这些问题呢？首先，由于人口普查大部分采取的是走访、调查的形式，所以在进行统计调查时要求选拔高素质的调查员。在通常的统计工作中，除了要求选择适合的统计方法，也要求统计调查员具有一定的专业素养，尤其是对于人口普查这样全国性的重大项目。在选拔人口普查调查员的时候，除了要求调查员本身的文化素质高，还要求调查员对所调查区域具有一定的熟悉度，调查员对所调查区域越熟悉，就越容易减少调查误差。其次，需要重视普查宣传工作。为应对之前提到的被调查者可能存在瞒报的情况，普查宣传工作便极其重要，普查宣传工作一方面可以使地方政府积极配合；另一方面可以加强居民的普查意识，增强其对人口普查重要性的理解，从而减少瞒报、漏报的情况。再者，需要加强普查工作的组织实施。人口普查的实施需要政府各部门的配合，加强普查工作的组织实施可以加强各部门的配合，从而有效解决人口普查中的难题。最后，需要查实出生、死亡人口。在进行出生、死亡人口的登记时，除了以走访的形式进行，还需要结合公安部门的户籍登记信息，或者其他部门的相关资料进行复核，以确保最后数据的准确性。

近年来，我国科学技术不断发展，统计方法也在计算机的发展中不断更新，因此对于人口普查工作来说，我们也需要借助新的计算机技术更新统计方法，开展统计信息化建设，以得到更为准确的人口普查数据。统计信息化建设在人口普查中的作用主要体现在以下四个方面：一是统计信息化建设可以为人口普查提供更广阔的宣传平台，在计算机技术还不发达的时期，人口普查的宣传方式主要是报刊、广播、电视等，而如今可以通过互联网的方式进行宣传，可以达到更好的宣传效果。二是统计信息系统可以帮助人口普查活动实现标准化，在以前信息技术不发达的时期，虽然人口普查活动也有一定的规定标准，但执行上还是看个人，导致标准化比较难实现，但统计信息系统建立起来后，可以实现全国的统一管理，并可以通过对普查的对象、时间、内容、范围、登记原则等进行规定，以实现标准化管理。三是统计信息化建设可以提高人口普查的效率，人口普查需要政府多个部门的协调配合，在信息化程度不高的时期，配合效率较低，但统计信息化建设实现后，各部门间的沟通时间缩短，可以较快地实现资源共享，从而提高普查效率。四是统计信息化建设可以提高数据整理、统计分析效率，从本质上来讲，统计的核心主要是数据收集、分析与处理，在计算机还未发展成熟的时期，大多的统计数据整理与分析工作都靠手动完成。而现今随着计算机技术的飞速发展，人口普查的统计数据整理与分析工作都可以由计算机完成，并且由计算机完成的分析工作会比手动完成的分析工作准确性更高。

总而言之，人口普查既是人口统计的重大实践活动，也是统计学实践的重要案例，学习人口普查的案例有助于对统计学进行更深层次的认识。

三、案例分析

1. 案例蕴含的思政元素

首先，作为一项大范围、宽领域的重大项目，要获得真实、可靠的人口普查数据，最基本的前提在于坚持“实事求是”的原则，即在人口普查的各项工作环节中，相关工作人员必须坚持以事实为导向、以实践实施为准则、以客观实际为目标，这既是马克思唯物主义的根本观点，也是习近平新时代中国特色社会主义思想活的灵魂。“实事”就是客观存在的一切事物；“是”就是客观事物的内部联系，即规律性；“求”就是我们去研究。在人口普查中也是一样，相关工作人员要深刻理解把握它的科学内涵和基本要求，将多种多样的统计学理论知识、方式与不同地区客观实际相结合，采取因地制宜、有的放矢的策略，这样才能尽可能及时、准确、高效地获得人口普查数据。

其次，作为一项普民、惠民的重大举措，人口普查的根本目的是给国家提供制定人口政策以及各种规划的重要依据，为了便于对国家或地区卫生保健方面的工作质量进行评价及改进，这是建设“富强、民主、文明、和谐”现代化中国的必然要求，是完善“自由、平等、公正、法治”美好社会的关键措施，是实现中华民族伟大复兴“中国梦”的应有之义。这也与社会主义核心价值观不谋而合。同样，在人口普查过程中，调查人员要时刻带着“友善”的态度对待每一位被调查人员，耐心、细心地向一些不理解、不配合的居民进行解释，当然每一位被调查人员要以“诚信”的态度如实地登记个人及家庭人口信息。

再次，作为一项复杂、庞大的重大工作，现代人口普查统计是极为繁杂、琐碎的。在相关科学技术尚未发展成熟时，受限于技术手段，人口普查工作更注重于数量上的完成，对质量的关注度尚不够，但是统计的质量理念要求，调查结果除了要注重数量方面，还要注重质量方面，不能只完成该地区数量上的填报而忽视质量，如果每一个地区都对“极少数”的普查数据差错视而不见，量变引起质变，到国家层面上就会形成全国性人口普查数据质量的不够硬、不过关。因此，质量理念就紧紧贴合了量变与质变的关系和规律。

最后，作为一项细致、专业的重大任务，除了第一阶段的统计调查和第二阶段的统计整理外，第三阶段的统计分析也至关重要。我们虽然拥有庞大的数据资料，但不能从中寻找规律、获得规律，无异于坐拥金山而不知。统计分析的关键在于“透过现象看本质”，其本质也就是获得“联系的客观性、普遍性和多样性”。在对人口普查数据的分析上，从不同层面来看，国家政策的制定者主要着眼于全国性的、整体性的人口普查数据，而地方政策法规的制定者更多落脚于地区性的、局部性的人口普查数据，整体包含着局部，局部也制约着整体，互相联系，共同发展。

2. 启发思考题及分析

（1）启发思考题。

①结合案例，你认为在人口普查过程中应坚持哪些原则？

②结合案例，怎么通过“透过现象看本质”掌握人口普查中统计分析的关键点？

（2）分析思路。

①人口普查进行过程中应坚持的原则。

由于人口普查的数据需要具有可靠性和真实性，所以在人口普查过程中我们应该坚持“实事求是”的原则。“实事求是”原则要求相关工作人员在人口普查过程中要准确记录人口信息（实事），通过研究（求）的方式对事物之间的规律（是）的内容进行分析总结。

②通过“透过现象看本质”掌握人口普查中统计分析的关键点。

人口普查的过程是对数据进行收集的过程，而数据所展现的就是“透过现象看本质”中的“现象”，而“本质”即数据中所反映的规律。在人口普查过程中，我们主要是通过第三阶段——统计分析阶段完成“透过现象看本质”。在统计分析阶段，分析人员主要通过数据计算揭示更深层次的信息，旨在获得数据规律中的客观性、普遍性和多样性。

四、 教学反思

在本次教学中，我们主要对人口普查案例进行了案例分析与思政分析，由于最近也有部分同学亲身参与了人口普查活动，因此可以让同学们更好地结合实践去学习人口普查中的统计知识与人口普查中所涉及的思政要点。

通过本次案例的学习，同学们纷纷反映受益匪浅。因为人口普查是关乎民生的一项活动，与同学们息息相关，并且许多同学参与其中，对普查活动的重要性有了更深入的体会。一些同学在进行人口普查实践时并不能串联起人口普查中的统计知识，通过本次案例的学习，这些学生对人口普查中的统计学知识进行了梳理，因此在案例教学时同学们的学习积极性较高，纷纷表示受益良多。

五、 参考文献

［1］冯立晶. 人口普查中的统计方法分析［J］. 黑龙江科学. 2015，6（20）：73.

［2］GIS 引入北京人口普查 提高统计服务能力［J］. 中国测绘. 2011，（5）：30-31.

［3］黄书田. 国民经济统计概论［M］. 北京：中国人民大学出版社，2004.

［4］李自珍. 人口普查中的统计方法［J］. 西北人口，1982，（1）：5-12.

［5］苏海舟. 人口普查与统计意识［J］. 浙江统计. 2000，（11）：2.

［6］王静. 从统计角度看如何做好人口普查［J］. 办公室业务. 2019，（6）：50.

［7］杨东斌. 从人口普查看统计实践［J］. 数据，2012（6）：38.

［8］杨亚群. 统计信息化建设在人口普查中的作用［J］. 当代经济. 2013，（14）：62-63.

［9］杨争军. 人口普查中城镇人口统计口径探讨［J］. 科学与财富. 2015，（36）：160.

［10］郑英元. 人口统计与人口普查［J］. 数学教学. 2011，（12）：49.

案例五　数据特征的描述

一、案例概况

1. 案例教学适用范围

本案例适用于本科生统计学课程中“数据特征的描述”章节的教学与培训。

2. 案例教学目标

（1）知识目标。

学生应具备通过公开出版的统计年鉴等收集相关数据的能力，并基于“数据特征的描述”章节中所学习的描述性统计分析方法，基于相关统计分析软件（Excel、Stata、Knime、Alteryx），进行我国及各省出生人口性别比数据的时空特征分析。

（2）能力目标。

解决问题的能力：社会科学实证研究中，一般首先要对社会调查数据进行描述性统计分析，以发现其内在的规律，再进一步选择分析方法。描述性统计分析要对调查总体所有变量的有关数据做统计性描述，主要包括数据的频数分析、集中趋势分析、离散程度分析、分布形态以及一些基本的统计图形。通过本案例的实践操作，学生应采用定量与定性分析相结合的方式对国家关注的重要的人口相关指标进行了解和分析。

案例基本知识：出生性别比是反映生命之初性别平等状况的基本指标，自20世纪80年代以来，中国的出生性别比逐渐偏离正常范围（102~107），并由局部地区出生性别比偏高扩散成为全国性出生性别比失衡。出生性别比偏高问题反映我国人口性别结构的异常和失衡，对我国的人口发展和社会良性运行影响甚大。本案例利用 1982 年以来历次人口普查数据和人口抽样调查数据，以中国省（市、区）为研究对象，采用描述性统计分析方法对中国人口出生性别比的时空特征进行深入探究。

（3）价值目标。

形成良好的研究习惯：通过掌握统计数据的收集、整理与显示的相关知识，学生要深入理解采用描述性统计分析方法进行社会科学相关问题数据查找、时空特征描述性分析的主要指标、方法和软件工具，能正确认识科学技术与科学研究方法，养成严谨、求实、创新的科学研究习惯。

二、 案例正文

新中国成立以来，中国的生育率转变较快，同时也出现了一种重大的人口转变趋势，即自 1980 年以来出生人口性别比（简称“出生性别比”）不断上升，被看作中国人口年龄性别结构转变的重要特征之一，引起了政府及社会各界的大量关注（杨菊花等，2009）。伴随着我国人口发展进入深度转型期，人口发展的内在动力和外部条件发生了重要的转折性变化，人口发展不平衡、不充分问题已上升为我国人口发展的主要矛盾（贺丹，2018）。

出生性别比（sex ration at birth，SRB），是指某一时期（通常为一年）内活产男婴与活产女婴人数之比，一般以每 100 名女婴对应男婴的人数表示（姜全保 等，2019）。出生性别比是人口学研究的重要指标之一，是人口性别年龄结构发展变化的自然基础和人口性别的动态起点（李智 等，2016）。严格意义上来说，这一数值并不是出生人口真实的性别比，但在每年出生人口数达到一定规模且满足大数定律时，我们可以认为出生性别比与真实值差异不大（胡耀岭，2010）。在没有人为因素干扰的情况下，出生性别比仅受到自然生物因素的影响，是一个稳定的统计指标，可以作为判断国家或地区的性别结构是否合理的重要依据。

人口是社会发展的基石，一切社会经济活动都离不开人这一主体，因此一个社会的可持续发展的内在要求为人口具有合理的结构。性别结构作为人口结构的基本要素之一，出生性别比不仅对总人口性别比以及分年龄性别比具有决定性作用，还影响未来人口增长趋势，在一定程度上对国家或地区的社会经济运行产生深远影响。从生物学的角度出发，在一般且随机的情况下，人类新生儿的性别比例应趋近于 1∶1，而在统计学与人口学的视角下，国际上认可的出生人口性别比的自然范围为 102~107（杨鑫宇，2019）。中国的出生性别比则远超出这一正常范围，呈现如下特征：

1. 中国人口出生性别比长期居高不下

24 个欧洲国家 1962—1980 年数据（Chahnazarian，1988）和世界五大洲 29 个国家和地区 1950—1994 年数据（Parazzini et al.，1998）显示，大部分国家的出生性别比在 105 左右（姜全保 等，2019）。中国的出生性别比偏离这一区间，并不是始终存在的问题，而是自 20 世纪 80 年代后才出现。根据第三次人口普查结果，1981 年出生性别比为 107.1，开始有学者注意到这一异常现象。此后中国的出生性别比在小幅波动中连年攀高。第四次人口普查结果显示，1989 年出生性别比为 111.9。第五次人口普查结果显示，2000 年出生性别比为 119.9。2007 年出生性别比达到峰值 125.5，之后小幅回落。第六次人口普查结果显示，2010 年出生性别比为 121.2。2016 年出生性别比为 116.2。这均严重偏离了出生性别比正常值范围。

从区域来看，城乡出生性别比差距较大，乡村的出生性别比明显高于城市。2000 年，乡村出生性别比为 121.94，城市出生性别比为 114.40，乡村高出城市 7.54 个百分点；2010 年，乡村出生性别比为 119.87，而城市出生性别比为 115.65，乡村高出城市 4.22 个百分点（黄国华 等，2018）。另外，浙江大学 2017 年发布的《中国农村家庭发展报告（2016）/求是智库》显示，我国农村 0~4 岁幼儿的男女性别比已到 122，孩次越高，性别比也越高，第二、三胎性别比达到了 125.4、146.3，尤其是当第一胎是女孩时，第二胎的男女性别比例高达 194.3，孩次越高，性别比失衡越厉害（杨华，2019）。

为扭转出生性别比失衡的局面，政府出台了一系列措施，2002 年颁布了《关于禁止非医学需要的胎儿性别鉴定和选择性别的人工终止妊娠的规定》，2003 年国家人口计生委在部分试点县开展“关爱女孩行动”，对于农村的独女户和纯女户，施行针对女孩教育、父母社保和家庭财政进行政策扶持或物质奖励的措施，使得试点县的出生性别比下降了 12 个百分点（范子英 等，2017）。这些举措虽然取得了一定成效，但长期来看，还未解决中国出生性别比失衡这一问题。

2. 出生性别比失衡由初期个别省域失衡逐步发展为全国普遍失衡

在第三次人口普查公布的数据中，1981 年安徽、广西、广东（110.37）、河南、山东、陕西、山西、江苏、浙江、吉林、四川和河北共计 12 个省出生性别比超过107。但是，到2010年，第六次人口普查结果显示，全国有31个省（市、区）的出生性别比失衡，西藏和新疆没有失衡，安徽高达131.1，超出正常范围最高值约22.5%，出生性别比超过120的省更是多达12个。仅经过30年的发展，出生性别比失衡的范围就由最初的不到半数扩散到了中国的绝大部分省域。持续性出生性别比失衡覆盖了全国绝大部分的省域，说明出生性别比失衡的产生不是一时一地偶然发生的，而是有着植根于中国广大地区的深层原因，同时也加大了政府的治理难度。

3. 中国的出生性别比失衡情况较为严重

联合国发布《世界人口展望2017》，以每5年为一个时间段，共统计了200个国家的出生性别比。1970年以来，全世界曾有18个国家（地区）出现过出生性别比失衡情况，当中失衡程度较为严重的有9个（出生性别比高于110），部分国家（地区）出生性别比（1970—2015年）如图6-1所示。

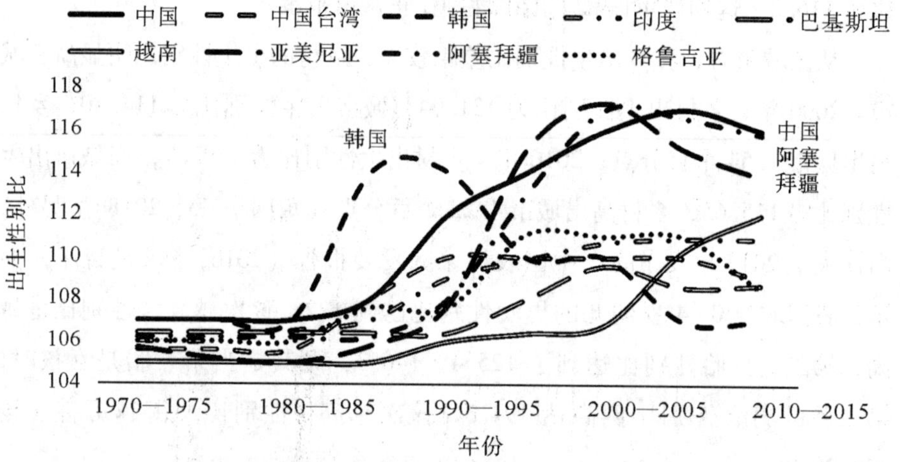

图6-1 部分国家（地区）出生性别比（1970—2015年）

数据来源：United Nations. World Population Prospects 2017 [EB/OL]. (2019-03-09) [2021-05-30]. https://population.un.org/wpp/Download/Standard/ fertility 2019-3-9.

由图6-1可知，这9个国家（地区）出生性别比的失衡几乎都发生在1980年以后，其中较为严重的是中国、韩国、亚美尼亚和阿塞拜疆，这些国家的出生性别比至少有两个时间段高于114。韩国的出生性别比自2005年后，逐渐下降并恢复到正常水平，而亚美尼亚和阿塞拜疆出生性别比失衡的出现比中国晚了10年。其余4个国家（地区）的出生性别比失衡发生的时间晚于中国（顾宝昌，2011）。

出生性别比问题不仅是重大的人口问题，也是社会经济问题，对我国和谐社会的建设和国家经济发展产生了重要影响。中国人口出生性别比长期持续偏高引起了国家和政府有关部门的高度重视，采取了多项措施进行治理（刘华 等，2014）。

要想解决这一问题，我们必须理清造成出生性别比偏高的原因和各影响因素的内在作用机制，进而采取有针对性的、行之有效的措施予以解决。学者们从我国的省（直辖市、自治区）、市县等多尺度层面，展开了多样化的理论和实证研究，取得了丰富的成果，对于出生性别比的影响因素及其作用机制存在不同观点。同时，以往研究多采用的方法为经典统计分析方法和计量模型，假设各变量在时空上同质独立，但在实际中，由于中国幅员辽阔，民族众多，不同地域间在自然环境、发展水平、社会风俗等方面存在诸多不同，经济、社会行为或活动等也具有显著的时空特征。一些现有研究忽略了出生性别比及其主要影响因素的时空分异特征，导致研究结论无法客观准确反映影响因素的时空异质性，从而产生偏误。因此有学者提出在分析出生性别比失衡问题时，考虑到此现象在中国存续时间长、覆盖范围广，有必要引入时空分析的视角（胡耀岭，2010；刘华 等，2014；闫邵华 等，2018）。

综上，本案例利用中国 1982 年以来历次人口普查数据和人口抽样调查数据，以中国 31 个省（市、区）为研究对象（不包括港澳台地区），采用描述性统计分析和空间统计分析方法，对中国省域层面的出生性别比时空特征进行研究，分析中国出生性别比失衡的历史与现状。

三、 案例分析

1. 案例蕴含的思政元素

（1）社会主义核心价值观——我国人口的均衡发展。

人口问题始终是人类社会共同面对的基础性、全局性和战略性问题。我国全面推行计划生育政策以来，过快增长的人口得到有效控制，人口再生产类型实现历史性转变，有效缓解了资源环境的压力，有力促进了经济发展、社会进步和民生改善，为现代化建设提供了重要保障和基础性支撑。

在当前来之不易的社会发展成果基础上，我们需要继续高举中国特色社会主义伟大旗帜，以马克思列宁主义、毛泽东思想、邓小平理论、“三个代表”重要思想、科学发展观、习近平新时代中国特色社会主义思想为指导，全面贯彻党的十八大和十九大精神，深入贯彻习近平总书记系列重要讲话精神，认真落实党中央、国务院决策部署，紧紧围绕统筹推进“五位一体”总体布局和协调推进“四个全面”战略布局，牢固树立和贯彻落实创新、协调、绿色、开放、共享的发展理念，促进人口均衡发展，立足战略统筹，强化人口发展的战略地位和基础作用，促进人口与经济社会、资源环境协调可持续发展，为实现中华民族伟大复兴的“中国梦”提供坚实基础和持久动力。

（2）对中国民生的关注。

我国人口基数大，新增人口多，出生性别比偏高。出生性别比偏高这一问题已经引起了全社会的普遍关注，政府部门也高度重视，并出台了一系列政策措施，出生性别比持续偏高的趋势也得到控制并有所回落，但要使其恢复到正常水平仍存在较大难度。出生性别比失衡对人口结构的影响非常明显，影响社会经济的可持续发展。

2. 对案例开展的基本指导

（1）性别比基本概念。

性别是人口最基本的属性之一，人口性别结构是指一个国家或地区的人口中男性人口与女性人口的比例关系，这种结构的合理性对于一个国家或地区的发展至关重要。合理的人口性别结构是社会公正的重要体现，是构建和谐社会与实现人口可持续发展的重要基础（李雨潼，2013）。一个国家或地区的性别结构通常有两种表示方式：一种是男性人口和女性人口在总人口中各自所占的百分比；另一种是性别比，即男性人口与女性人口的数量之比。

对人口性别比的评价，主要包括出生人口性别比、总人口性别比、孩次出生比、分年龄性别比和迁移人口性别比等指标。其中，人口研究最为关注的是出生人口性别比（简称为出生性别比），出生性别比决定了未来的分年龄性别比和总人口性别比。出生性别比，指一定时期（一般为一年）内出生的活产男婴总数与活产女婴总数的比值，反映了婴儿出生时男婴与女婴在数量上的比例关系，通常表示为平均每100个活产女婴所对应的活产男婴的数量。例如，某年的出生性别比为119，是指在该年出生的人口总数中，每出生100个女性人口，相对应出生的男性人口数量是119，公式如下：

$$出生性别比=100\times（出生活产男婴数/出生活产女婴数）$$

总人口性别比是综合、粗略、概括地反映人口性别构成的静态指标，通常也称为人口性别比，是指同一人口总体中的男性人口与女性人口之比，国际上通常用每100个女性人口相对应的男性人口的数值来表示，公式如下：

$$总人口性别比=100\times（男性人口/女性人口）$$

人口性别比是各个年龄性别比的综合反映，它既受出生性别比的影响，又受年龄构成及男女死亡率差异的影响；既受迁移人口性别差异的影响，又受战争、天灾及妇幼保健、妇女地位、医疗卫生事业发展水平的影响。人口性别比与出生性别比是两个不同的概念，其通常值范围也不一样（马瀛通等，1998）。

我们还可以对出生性别比进行细分，对于分孩次出生人口而言，有分孩次出生人口性别比；对于分年龄出生人口而言，有分年龄出生人口性别比。其中，分孩次出生性别比是指根据婴儿在家庭中的出生顺序而计算的分孩次的出生人口性别比，主要用于研究婴儿出生顺序与性别比结构之间的关系。我们还可以城乡、文化程度、职业与行业等为标识，考察和研究出生婴儿性别比。

（2）出生性别比的正常范围与意义。

严格意义上的出生人口性别比，应该是准确限定在出生时刻这一时点活产男婴与女婴人数的对比关系。在没有人为干扰的前提下，出生性别比将是一个主要受受孕性别比、胎儿死亡性别比、死产性别比等因素影响的非常稳定的人口统计指标。而受孕性别比、胎儿死亡性别比和死产性别比等，除直接受自然生物因素的影响外，也间接受到社会因素的影响。但是由于生物进化的长期缓慢性和社会因素间接影响的微弱性，出生人口性别比指标在特定的时期内十分稳定。在正常的社会条件下，大致是在一个正常值范围内、围绕某一中心点而略有波动（刘爽，2007）。

关于出生性别比值域范围的研究，最早出现在1662年英国约翰·格兰特（John Grant）《关于死亡证书的自然和政治的观察》一书中，格兰特通过对伦敦1628—1662年出生男婴和女婴数量（分别为139 782人和130 866人）的观察与分析，首次提出出生的男婴与女婴数量是一个相对稳定的比值（14∶13）。1955年10月联合国在其出版的《用于总体估计的基本数据质量鉴定方法》（手册Ⅱ）（*Methods of Appraisal of Quality of Basic Data for PopulationEstimates*，*Manual* Ⅱ）中认为："出生性别比偏向于男性。一般来说，每出生100名女婴，其男婴出生数为102~107。"此分析明确认定了出生性别比的通常值域为102~107。从此，出生性别比值下限不低于102、上限不超过107的值域一直被国际社会公认为通常理论值，其他值则被视为异常[①]。

① 马瀛通，等．出生性别比新理论与应用［M］．北京：首都经济贸易大学出版社，1998：1.

据生物学一般规律，在人的生命周期内，男性的死亡概率始终高于女性，性别比是随年龄增高而逐渐下降的一条曲线，不同国家、不同地区以及不同民族的人口出生性别比不完全相同，一般差距并不是很大（李雨潼，2013）。在男婴死亡率高于女婴，男性青少年死亡率大于女性这两个因素的作用下，到婚龄年龄段，男性、女性的人口数量基本处于均衡状态，进入老年期的人口性别比降到 100 以下。因此，出生性别比是决定人口性别结构的基础，正常的出生性别比能够很好地保证每个年龄段的性别比例处于正常值范围之内，进而保证社会稳定，是人口长期均衡发展的关键。

出生性别比是各类性别构成统计中最基本的统计分析指标，它是一个时期性指标，在没有人为干扰受孕性别比与出生性别比的条件下，只要出生婴儿及其性别登记的信息完整准确，那么，出生性别比无疑是出生男婴数与女婴数相对量化的客观反映。但如果是调查资料，出生人口性别比还是一个在大数定律作用下表现稳定的人口统计指标，对统计数量比较敏感，我们首先需要对数据资料进行分析评估，确认数据量是否足够大和数据是否准确。简言之，即统计数量对于出生性别比有直接的影响，这就要求在计算和分析出生人口性别比时，考虑出生人口规模对指标计算带来的影响，建立合理的出生性别比正常值域（刘爽，2007）。我们不能简单认为出生性别比低于 102 或高于 107 时就是出生性别比失衡，也可能出现样本规模不足导致的随机波动。

出生性别比的上升是导致不同年龄段人口性别比上升的前提。因此，出生人口性别比在度量人口的均衡发展中起着重要的预警作用。出生婴儿的性别比以及随后各年龄段人口的死亡率共同决定了一个人口群体的性别构成，出生性别比的变化直接影响人口的性别年龄结构的变化。从更广泛的角度看，人口性别年龄结构影响将来的人口婚姻形态和就业结构，对社会经济的健康发展产生重要和深远的影响。

（3）数据来源。

中国有多个统计人口数据的部门。国家统计局是法定的权威统计部门，负责人口普查和每年的人口抽样调查；公安部门根据户籍制度进行户口登记，提供户籍人口数据；卫生健康委员会负责监测中国出生人口及人口变动情况，提供出生人口数量和一些关键指标数据，如出生率、死亡率和自然增长率。各个部门提供的同一指标数据可能不一致，有时甚至相差很大，人口普查数据是相对比较全面和权威的数据（姜全保 等，2018）。

本案例数据来自第三次、第四次、第五次、第六次（简称“三普”“四普”“五普”和“六普”）全国人口普查数据资料和 1985 年、1995 年、2005 年以及 2015 年全国 1% 人口抽样调查。第三次全国人口普查的标准时间是 1982 年 7 月 1 日零时，第四次全国人口普查的标准时间是 1989 年 1 月 1 日零时，第五次全国人口普查的标准时间是 1999 年 11 月 1 日零时，第六次全国人口普查的标准时间是 2009 年 11 月 1 日零时。

（4）描述性分析方法使用中的注意事项——均值的误用。

均值是用于描述样本集中趋势的最常用指标，但应注意，对于正态或近似正态的对称分布样本，均值是较好的指标，一般与离散趋势指标中的标准差一起描述数据资料；而对于偏态分布的样本，则常用中位数来描述集中趋势，一般与离散趋势指标中的四分位数间距一起描述数据资料。究其原因，均值容易受到极端值的影响。

对于两个分布完全不同的样本，我们可能会得到相同的均值，因此均值在某种程度上抹杀了样本内部的差异，而往往这种内部差异正是需要进行深入研究或应当引起人们注意的。为了弥补均值的这种缺陷，我们在报告均值的同时，也应该报告标准差，或用直方图或散点图的形式描述分布，以展示群体内部的差异。

四、课程设计与教学反思

1. 课程设计

本案例的教学时长建议安排 2 个课时（90 分钟）。教学组织安排见表 6-1。

表 6-1　教学组织安排

学习阶段	学习内容	时间限制	学习目标
课前	分小组，预习“统计数据特征的描述”课程的内容与本案例中的基础知识	上课前两天	熟悉描述性统计分析方法，熟悉案例，尝试收集数据

表6-1(续)

学习阶段	学习内容	时间限制	学习目标
课中	教师介绍统计案例研究背景与基础知识	20 分钟	理解“出生人口性别比”概念、计算方法与合理范围
	教师介绍本案例相关的分析方法和软件	20 分钟	掌握软件基本操作
	教师介绍案例中蕴含的思政元素	10 分钟	理解我国人口均衡发展的重要性
	分组讨论课后思考启发题	10 分钟	回顾知识点，加深知识点的理解运用
	抽 6 个小组展示对课后思考题的分析（每两个小组分别解决同一个问题）	30 分钟	应用知识点，锻炼学生理解和表达能力
课后	完成课后习题，复习“数据特征的描述”中的分析方法和软件工具	—	增强印象，加深理解

2. 学生反馈

如何测度经济活动、社会活动，以及人们内心世界的各种潜在活动的量化信息，已经成为社会发展中共同理解、科学分析、活动规划、科学决策的重要基础。在自然科学研究中，学者越来越依赖科学、系统的信息测量，以及运用科学的量化分析方法，这些都需要统计科学的支持。在社会科学领域，统计学已经成为认识社会发展规律、经济规律，以及认识社会科学的重要工具和手段。

描述性统计分析方法虽然较容易被掌握，但我们如果对某个事件或某种现象的描述不清楚或存在偏差，那么其后的所有分析都可能有问题，而描述的偏差可能会引起公众或学术界对某些社会现象的误解，甚至误导政府决策。

3 总结

通过本案例的学习，学生们加深了对于描述性统计分析方法的应用理解，对于相关统计分析软件（如 Excel、Stata），特别是对基于 workflow 的最新数据分析软件 Knime、Alteryx 有了初步了解；同时，对于我国人口均衡发展的情况有了进一步认识和理解。期望学生在以后的科学研究中能够运用描述性统计分析所包含的辩证思维方法进行拓展延伸。

五、 参考文献

[1] 向蓉美，王青华，马丹. 统计学 [M]. 2 版. 北京：机械工业出版社，2019.

[2] 汤梦君. 社会性别视角下的人口问题的研究与治理：以出生人口性别比偏高为例 [J]. 人口与健康，2020，(8)：16-17.

[3] 原新. 出生人口性别比最新动态及问题判断 [J]. 西安交通大学学报（社会科学版），2016，36（6）：122-124.

[3] 王钦池. 出生人口性别比周期性波动研究：兼论中国出生人口性别比的变化趋势 [J]. 人口学刊，2012，(3)：3-11.

[4] 穆光宗，余利明，杨越忠. 出生人口性别比问题治理研究 [J]. 中国人口科学，2007，(3)：81-88，96.

[5] 杨云彦，慈勤英，穆光宗，等. 中国出生人口性别比：从存疑到求解 [J]. 人口研究，2006，(1)：37-49.

[6] 汤兆云. 出生人口性别比失衡的社会因素分析 [J]. 人口学刊，2006，(1)：25-31.

[7] 马瀛通. 出生人口性别比失调与从严控制人口中的误导与失误 [J]. 中国人口科学，2005，(2)：4-13，97.

[8] 马瀛通. 人口性别比与出生性别比新论 [J]. 人口与经济，1994，(1)：7-13.

案例六　统计特征描述

一、案例情况

1. 案例教学适用范围

本案例适用于本科生统计学课程中的“统计数据的收集与整理”的教学与培训。

2. 案例教学目标

（1）知识目标。

学生能利用科学的统计调查方法进行统计数据的收集、整理，熟练且正确地运用统计图表来显示数据；理解总量指标的概念和种类，掌握相对指标的概念、经济意义及计算方法；理解平均指标的概念，掌握平均指标的计算方法，掌握平均发展速度的计算和应用；理解变异指标的概念和作用。

（2）能力目标。

解决问题的能力：通过此案例的学习，学生能掌握统计数据收集的各种形式和方法，正确编制统计调查方案；能科学地进行数据的整理，选择恰当的形式表现统计数据；对整理好的数据，进一步计算相对指标、平均指标等，分析现象的特征。

计算机软件能力：学生能够在计算机上利用 EXCEL 软件对原始数据进行分组、频数、频率及累计频数的计算，绘制统计图、表；掌握统计指标的计算方法及其应用，从唯物辩证法的角度解释平均指标和变异指标的概念和作用；在之后的数据分析中考察数据总体特征。

了解国民经济情况：通过对统计数据进行加工整理并形成数列，学生能够对数据的分布规律有直观的了解，能够将知识运用到实际生活当中，了解全国人口普查的普查对象、方式、内容。学生能对统计局历年中国统计年鉴数据进行分析，从总量水平、比较关系、集中趋势、离中趋势及分布形态方面度量我国的国民经济、就业状况。

（3）价值目标。

学生可通过国内生产总值、就业人口等宏观总量指标数据了解我国经济的发展情况和综合国力，通过相对指标如人均国内生产总值、经济增长速度、CPI 等，了解我国人民生活水平。此外，通过掌握统计数据的收集、整理与显示的相关知识，学生能够深入了解调查方案设计、指标的选取以及指数的构建知识，能正确认识科学技术与科学研究方法，养成严谨、求实、创新的科学研究习惯。

二、案例正文

毛泽东同志是重视调查研究的杰出代表。早在青年时代，他就开始调查研究。1917 年和 1918 年，毛泽东先后到湖南的长沙、宁乡、安化、益阳、沅江、浏阳等地进行了“游学”式的考察，加深了他对中国国情的认识，并激发了革命热情。五四运动后，随着马克思主义在中国的广泛传播，毛泽东开始自觉运用马克思主义理论指导调查研究。其中 1925 年的《中国社会各阶级的分析》和 1927 年的《湖南农民运动考察报告》就是重要的马克思主义文献。1926 年，他通过调查研究获取了大量的第一手资料，撰写了调查报告《中国佃农生活举例》。

随着中国革命形势的不断变化和发展，毛泽东反复强调调查研究问题。井冈山时期，他先后进行了宁冈、寻乌、兴国等 8 次较大的调查研究。其中，他在 1930 年 5 月撰写的《反对本本主义》一文和 1931 年 4 月起草的调查通知中，相继提出了“没有调查就没有发言权”“不做正确的调查同样没有发言权”等著名论断。延安时期，为了使全党充分认识调查研究的重要性，毛泽东先后撰写和起草了《关于农村调查》《改造我们的学习》《中共中央关于调查研究的决定》等系列文章和文件。其中，他在 1941 年 3 月和 4 月为《农村调查》所写的序言和跋中强调指出，调查研究是马列主义普遍真理与中国革命具体实践相结合的中心环节，调查第一是眼睛向下，第二是开调查会；同年 5 月，他在《改造我们的学习》中又提出，“在全党推行调查研究的计划，是转变党的作风的基础一环”。随后，他逐步把调查研究活动推到全党范围内实行，并广泛应用于抗日战争、解放战争的伟大实践中。

“十四五”时期是我国全面建成小康社会、实现第一个百年奋斗目标之后，乘势而上开启全面建设社会主义现代化国家新征程、向第二个百年奋斗目标进军的第一个五年。中共中央政治局会议强调坚定实施扩大内需战略，维护经济发展和社会稳定大局。当前，全国疫情防控阻击战取得重大战略成果，但国际上疫情持续蔓延，世界经济衰退风险加剧，不稳定、不确定因素显著增多，我国经济发展面临的挑战前所未有。为了准确把握“十四五”期间面临的机遇与挑战，精准确立“十四五”发展方向与思路，需要我们深刻理解我国所面临的经济、政治、社会环境。那么，如何在统计学层面上了解和衡量我国当前的经济和社会环境呢？我们可以研读第七次全国人口普查方案及统计局的全国统计年鉴数据，学会运用数据整理和显示方法。

第七次全国人口普查方案是为了全面查清我国人口数量、结构、分布、城乡住房等方面情况，为完善人口发展战略和政策体系，促进人口长期均衡发展，科学制订国民经济和社会发展规划，推动经济高质量发展，开启全面建设社会主义现代化国家新征程，向第二个百年奋斗目标进军，提供科学准确的统计信息支持。普查对象包含了普查标准时点在中华人民共和国境内的自然人以及在中华人民共和国境外但未定居的中国公民，不包括在中华人民共和国境内短期停留的境外人员。普查登记的主要内容包括姓名、居民身份证号码、性别、年龄、民族、受教育程度、行业、职业、迁移流动、婚姻生育、死亡、住房情况等。普查采用全面调查的方法，以户为单位进行登记。普查采用按现住地登记的原则，每个人必须在现住地进行登记。普查对象不在户口登记地居住的，户口登记地要登记相应信息。普查登记采用普查员入户询问、当场填报，或由普查对象自主填报等方式进行。各级普查机构负责普查数据处理。国务院人口普查办公室统一编制数据采集、审核、编辑、汇总程序。普查短表包括反映人口基本状况的项目，由全部住户（不包括港澳台居民和外籍人员）填报。普查长表包括所有短表项目和人口的经济活动、婚姻生育和住房等情况的项目，在全部住户中抽取10%的住户（不包括港澳台居民和外籍人员）填报。

在了解全国第七次人口普查方案后，我们将第五次、六次与七次人口普查方案进行对比，可以看出，每一次调查的内容都有所增加。第七次人口普查数据出来之前，我们可以对第六次人口普查数据进行分析，计算人口的年龄结构等，计算其平均数、众数、中位数、分位数、标准差和方差。结合国家统计年鉴上的经济等有关数据，计算相对指标，如第一、二、三产业各占国内生产总值的比例，得到产业结构的分布，计算各地区的劳动力资源比例。对于具体变量来说，我们选择以下三个方面的变量：

（1）经济生活——国内生产总值、人均国内生产总值、居民人均可支配收入、地区房价；

（2）社会人口——就业人数、流动人口；

（3）社会保障及教育——社会救助、医疗卫生、各教育程度在校学生数。

对于这些经济生活指标的把握和计算在实际经济工作中有重要作用，是我们认识社会经济现象的起点，是经济管理、决策和调控的依据，也是之后计算相对指标和平均指标的基础。受新冠肺炎疫情等影响，今年我国就业形势较为严峻。就业是经济的“晴雨表”，也是社会的“稳定器”。我国是世界上人口最多的发展中国家，解决好超大规模就业问题，始终是国民经济和社会发展的重要环节。对社会人口指标的理解，有利于对就业困难人员实行托底帮扶，从而保障社会公平和维护社会稳定。最后，对社会保障及教育指标的研究，是建立健全同经济社会发展水平相适应的社会保障体系，是社会稳定和国家长治久安的重要保证，也是事关群众切身利益的重大民生问题。通过这三大指标我们从时间和地区分布方面系统深入地掌握国家和各个地区社会经济发展的方方面面，深入把握各省（市、区）及各个省会城市各个方面的历史沿革与实际市情。

三、案例分析

1. 案例蕴含的思政元素

首先，统计学是关于数据的方法论科学，它研究的数据来自各领域，提供的是一套用于全领域、各行业收集、整理、分析及解释数据的通用分析方法，是一种通用的数据分析语言。同时，统计学课程里许多概念、方法都隐含了马克思主义思想、毛泽东思想。通过对统计数据的收集、整理和统计指标的分析教学课程开展，我们在课程中能将马克思主义、毛泽东思想适时融入。例如，统计学以数据为根本，我们以马哲思想中的“物质第一性”的观点作为课堂切入点，引出统计学中以客观数据为本的理念，并且引导学生思考马哲理念的内涵，继而引出统计学研究数据的初衷，即找出数据的特征以及其中所蕴含的规律性，揭示事物的变化及发展。另外，我们在学生进行数据及指标探索时，让他们真实感受到统计在自己的身边，感受学习统计的真正价值，这样会极大地激发学生的学习兴趣，从而使其主动探索统计理论与方法的奥妙。这样不仅仅能使学生掌握收集、整理、分析数据的技术，更能教会学生怎样读懂数据背后的事实，让学生学会用总体与个体、静态与动态、相对与绝对、一般与特殊、具体与抽象、归纳与演绎等不同的思维方式分析和解决问题。

其次，大数据时代已经来临，它正在悄悄地改变着人们的行为与思维。我们在基础统计教学基础上引导学生更进一步地理解大数据统计思想，不仅能在教学中起到延伸和拓展统计方法的作用，促使学生更深层次地思考统计问题，也是与思政教育精神契合的，能引领学生紧跟时代步伐，培养学生的勇于创新和不断挑战困难的精神，从而实现育人的目的。学生在理论与实验、实践的结合中不仅充分领略了统计学的魅力，大大提升了收集数据的能力。在授课过程中，教师引导学生辩证地看待数据，要思考数据是否可靠，是否客观；引导学生理解数据的来之不易的同时，也要指明数据不一定就是真实的，数据也不是一切；教育学生在以后的工作中要有职业道德和社会责任感，要脚踏实地，不能“唯数据论”，诚实做人，不能弄虚作假。这些诚实守信、实事求是、科学精神、专业素养、公平正义、辩证唯物主义的认识论（实践观）等德育元素的渗透，对学生树立正确的世界观、价值观、人生观也起到了十分明显的作用。

2. 对案例的进一步思考

“十四五”规划和2035年远景目标纲要在设定“十四五”时期经济社会发展主要目标时，明确将“居民人均可支配收入增长与国内生产总值增长基本同步”作为衡量民生福祉的指标之一。因此，我们要了解我国目前国内生产总值等社会发展水平指标，其研究成果对于政府政策及社会各界相关行动的实施和调整具有重要意义。我国目前城乡区域发展和收入分配差距还较大，与经济发展水平相适应的收入分配制度仍有待健全。此外，城乡分割、户籍制度等因素阻碍了劳动力流动，使农村居民收入增长受限。城镇居民就业门路不宽，合法兼职、自谋职业、自主创业等还受到一些限制或障碍。实现高质量的就业的意义重大。就业与每位劳动者息息相关，追求更高质量的就业既是劳动者的自然需要，也是经济社会发展的客观要求。对个人而言，更高质量的就业通常意味着合理增长的劳动报酬、稳定的工作机会、良好的就业环境、完善的社会保障和体面的社会地位；对于一个经济体而言，更高质量的就业包括更充分的就业、更优化的就业结构、更高的劳动生产率。此外，在中国经济持续发展的同时，国家也应不断增加保障和改善民生的国家财力，才能使改革发展成果更多、更公平地惠及全体人民。基于此，我们能够通过此案例了解我国目前的经济生活、就业收入和社会保障情况，从而研究中国各省会城市的发展水平差距的问题。

四、教学反思

1. 课程设计

可以用本案例完成“统计学统计数据的收集、整理与显示”知识点的教学，建议安排 2 个课时（90 分钟）。教学组织安排如表 7-1 所示。

表 7-1　教学组织安排

学习阶段	学习内容	时间限制	学习目标
课前	分小组，预习课本中关于统计指标的内容	上课前两天	熟悉统计指标内容
课中	教师介绍普查的收集整理知识	20 分钟	理解普查数据的调查对象、方式和内容
	教师带领学生计算年鉴中的统计指标	20 分钟	熟悉并理解分析数据指标的过程
	教师介绍课程内容中的思政元素	10 分钟	了解统计数据中的统计指标的思政元素
	分组讨论课后思考启发题	10 分钟	回顾知识点，加强理解运用
	抽 6 个小组展示对课后思考题的分析（每两个小组分别解决同一个问题）	30 分钟	知识点应用的反馈，锻炼学生理解和表达能力
课后	完成课后习题，复习统计数据的整理与显示知识	—	增强印象，加深理解

2. 学生反馈

教师在对学生进行评价时，应该综合考虑学生的知识、技能、过程、方法、态度、价值观等方面，欣赏学生自身的付出、进步和努力，不能只看答案的对与错。在将统计学课程与思政教育结合的教学模式下，教师要综合考查学生的能力，进而优化课程考核标准，关注学生在课前准备、课堂实施、课后拓展环节中的表现，多维度评价，更加科学、公平地考察学生的学习成果。课程教师可结合学生的专业学习特性，安排一些针对课堂教学知识的课后拓展作业，从而巩固学习成果；主动与学生通过课程平台、QQ 班级群等方式进行互动交流，及时了解学生的学习情况，发现学生的学习问题，进而调整学习内容，优化教学方法，完善教学设计，提高教学效率。

3. 总结

习近平总书记在学校思想政治理论课教师座谈会上提出了“八个统一”的具体要求，为思政课的改革创新指明了方向。大学统计学作为经济学科中重要的基础课程之一，教学时间长，课程中蕴含的丰富的数学文化与自然辩证法关联度高，因此我们要推进“课程思政”建设，努力挖掘大学统计学课程所蕴含的思想政治元素和所承载的思想教育功能。基于此，通过本案例的学习，并结合大数据时代特色，教师要引导学生紧跟时代潮流，加深学生对统计学的理解，提升学生思维能力和培育学生的创新开拓的品德，实现课程在“知识传授”和“价值引领”方面的融合，为中国特色社会主义事业贡献一分力量。

五、 参考文献

[1] 向蓉美，王青华，马丹. 统计学［M］. 2 版. 北京：机械工业出版社，2019.

[2]《中国特色社会主义理论与实践研究》编写组. 中国特色社会主义理论与实践研究［M］. 北京：高等教育出版社，2018.

[3] 习近平. 在北京大学师生座谈会上的讲话［N］. 人民日报，2018-05-03（002）.

[4]《马克思主义基本原理概论》编写组. 马克思主义基本原理概论［M］. 北京：高等教育出版社，2018.

案例七　数据分布特征的描述

一、案例概况

1. 案例教学适用范围

本案例适用于本科生统计学课程中的数据集中趋势描述——平均指标的教学与培训。

2. 案例教学目标

（1）知识目标。

学生能理解描述统计数据中集中趋势的平均指标的含义以及学会计算平均指标中的数值平均数和位置平均数。

（2）能力目标。

辩证思维能力：通过对平均指标的理论基础、计算方法、实践应用和应注意的问题等知识点的学习，学生要学会利用辩证唯物论看待问题，学会用统计学原理和方法去思考和解决实际中的问题，对数据进行调查、整理和分析，发现数据内在的数量规律，从而进行科学的统计预测和决策。

解决问题的能力：学习平均指标的相关内容以及具体的案例后，学生能够解决现实生活中的实际问题，从“理论的学习者”转变为“实践的创造者”。在对案例的分析和经验的学习中，教师要引导学生提出解决问题的思路和方法，从而提高学生分析和解决实际问题的能力。

（3）价值目标。

学生要形成良好的研究习惯，培养辩证唯物思想和科学技术观等，在独立解决问题的过程中，逐步形成自己独特的分析和解决问题的观念。

二、案例正文

某学院为了解某专业在校大学生的服装消费支出情况，已知该学院某专业的男女生人数恰好各100名，并分组整理出了其某月服装消费支出额（见表8-1），试从统计指标的角度分析学生服装消费支出的特征。

表8-1　该学院某专业学生某月服装消费支出额

服装消费支出额/元	女生/人	男生/人
200及以下	6	5
201~300	9	12
301~400	16	25
401~500	24	24
501~600	23	18
601~700	14	10
700以上	8	6
合计	100	100

表8-1反映的是经过分组整理后的有关某专业男女学生月服装消费支出数据，根据表8-1我们能对该专业男女生月服装消费支出有一个直观的了解，可以发现，不管是男生还是女生消费额都存在一定的集中趋势。但如果学生想进一步挖掘数据信息，比如，男生女生的消费额集中趋势是否一样？这种数据的集中形态是否与正态分布一样？这些问题的回答需要进一步通过一些能充分度量统计数据特征的统计指标进行测度，如消费支出额平均水平、比较关系、集中趋势、离中趋势及其蕴含的分布形态等。而计算这些指标，以及深刻和全面地理解指标包含的信息，是学习本章时所要掌握的内容。

要掌握分组整理后的总体的数据特征，教师需要向学生深入介绍一些常用的描述总体特征的统计指标，包括总量指标（反映基本规模）、相对指标（反映总体结构、比例等特征）、平均指标（反映总体的集中趋势）、变异指标（反映总体离中趋势）和数据分布形态测度指标。

1. 总量指标

总量指标是反映社会经济现象总体规模或绝对水平的指标，其数值主要通过计数、度量得到，它一定是有计量单位的数。总量指标数值大小与总体范围的大小有直接关系，同一时间不同总体范围的同一总量指标的数值相加有意义，其和仍然是总量指标。

按反映的总体内容的不同，总量指标可以分为总体单位总量和总体标志总量。理解这种分类对计算算术平均数很重要，因为算术平均数就等于总体标志总量除以总体单位总量。按反映的时间状况的不同，总量指标可以分为时期指标和时点指标。从时间状况角度理解总量指标对于计算动态平均数（平均发展水平）很重要，因为计算时期指标数列和时点指标数列的平均发展水平的方法是不同的。

在本例中，学生总人数为 200，是总体单位总量；200 名学生在该月的服装消费支出额共 93 000 元，是总体标志总量；学生人数是时点指标，服装消费支出额为时期指标。

2. 相对指标

相对指标既是一种统计指标，又是一种最常用的对比分析方法。根据研究目的不同和对比基础指标（分母指标）的不同，相对指标有不同的种类：实际完成数与计划任务数之比为计划完成相对指标，反映计划完成情况和工作进度；在分组的基础上，总体某一部分数据与总体的全部数据之比为结构相对指标，反映总体的内部结构和分布；在分组的基础上，总体某一部分数据与总体的另一部分数据之比为比例相对指标，反映总体的内部比例关系；不同空间的同类现象数据之比为比较相对指标，反映不同空间的经济实力、水平等；不同时间的同类现象数据之比为动态相对指标（发展速度），反映事物的相对发展程度；两个性质不同但有联系的数值之比为强度相对指标，反映现象的普遍程度、密度等。

以表 8-1 数据为例，男生人数占所有学生人数指标为 50%，是结构相对数，男女生人数指标为 1∶1，是比例相对数。

3. 平均指标

平均指标是反映总体各单位数据在一定时间、地点、条件下一般水平的综合指标。它是将总体单位间数据差异抽象化，反映一组数据的集中趋势，是这组数据的代表值。

平均指标按其计算方法不同可分为数值平均数和位置平均数（见图 8-1）。

- 平均指标
  - 数值平均数
    - 算术平均数
      - 简单算术平均数
      - 加权算术平均数
      - 调和平均数
    - 几何平均数
  - 位置平均数
    - 中位数
    - 众数

图 8-1　平均指标的分类

（1）数值平均数。

数值平均数包括算数平均数、调和平均数和几何平均数。在社会经济统计中，算术平均数最常用，调和平均数通常是作为加权算术平均数的变形使用，几何平均数主要用于计算平均比率或平均速度。上述几种平均数又有简单式与加权式之分。权数式权衡各个变量值影响作用，可以是绝对数，也可以是相对数。

算术平均数也称为均值，是反映集中趋势最常用的平均数，其基本计算公式如下：

$$\text{算术平均数}=\frac{\text{总体标志变量}}{\text{总体单位变量}}$$

根据所掌握资料的不同，算术平均数有不同的计算方法。

①简单算数平均法，即在统计数据未分组的情况下，将各个数据直接相加后除以数据的个数，从而计算平均数的方法。

②加权算数平均法。如果数据已经经过分组并形成变量数列，计算算术平均数时要用加权算数平均法。计算加权平均数时，我们必须将变量值与变量值出现的次数（比重）相乘，以权衡其轻重，此为“加权”含义所在，原因在于变量数列中各个变量值出现的次数不一样，次数出现多的变量值对平均数的影响大一些，次数出现少的变量值对平均数的影响小一些，因此需要对不同变量值进行“加权”。

以表 8-1 数据为例，我们要想分别了解男生、女生月服装一般消费支出情况，计算加权算数平均数即可。女学生的平均月消费支出计算如下：

$$\bar{x}=\frac{\sum xf}{\sum f}=\frac{150\times 6+\cdots+750\times 8}{100}=\frac{47\ 300}{100}=473\text{（元）}$$

同理，男生的平均月服装消费支出为 457 元。从加权算数平均数的结果可见，女生的平均月服装消费支出比男生更高。

③调和平均法。当已知各组的变量值和各组变量值之和，而缺乏其分母

数据时，为了使用基本公式，我们需要使用除法运算求得分母数据，再计算平均数。这个计算过程即调和平均法。调和平均法只是算术平均法的一种变形，对同一问题的计算结果与其他计算方法相比是一致的，只是计算形式不同。

此外，几何平均数是 n 个变量值连乘积的 n 次方根，常用于总量等于各个数据之积的求平均数现象，如发展速度、某些比率（如本利率）等变量的平均。类似地，集合平均数也分为简单几何平均数和加权几何平均数。

（2）位置平均数。

位置平均数是根据变量值在分配数列中所处的位置来确定的平均数，它不受极端值的影响，主要包括众数和中位数。对于集中趋势的测度我们还可以利用分位数，如四分位数、十分位数和百分位数等。算数平均数与众数、中位数和分位数结合运用，可以详细描述数据分布的特征。

①众数。

众数是指总体中出现次数最多的变量值。众数能够非常清楚地反映数据分布的集中趋势。但众数的确定须满足两个前提：一是总体单位总量必须相当大，二是次数分布须有明显的集中趋势，否则所得众数缺乏代表性。若当变量数列中有两个或结果变量值的次数都较为集中时，就可能有两个或多个众数，因此，众数不一定存在且不一定唯一。

以表 8-1 数据为例，女生月服装消费支出的众数计算过程如下：

$$M_0 = L + \frac{\Delta_1}{\Delta_1 + \Delta_2} \times d = 400 + \frac{24 - 16}{(24 - 16) + (24 - 23)} \times 100 = 489\text{（元）}$$

同理，男生月服装消费支出的众数为 393 元。从众数计算结果可得，女生的平均月服装消费支出比男生更高。

②中位数。

中位数是将各个变量值按大小顺序进行排序后，处于中间位置的变量值。由于位置居中，所以它把数列中的全部变量值分成个数相等的两部分，一半变量值小于它，另一半变量值大于它。在未分组条件下，当变量值的个数是奇数时，中位数就是位于中间位置的那个变量值；当变量值个数是偶数时，中位数则为中间位置的两个变量值的简单算术平均数。在单项式分组条件下，我们需要先计算向上累计（或向下累计）次数，以明确中间位置所在的组，即中位数组，则该组的变量值是中位数。在组距式分组条件下，中位数组所对应变量值是一段区间，需要借助对应公式计算。

以表 8-1 数据为例，根据中位数的下限计算公式，对于女生而言，

$\sum f/2 = 50$，首次超过 50 的累计次数为 55，其所对应的组为 401～500 元，故该组为中位数所在的组；该组 L=400，$f_m = 24$，$S_{m-1} = 31$，$d = 100$，代入公式求得：$M_e = L + \frac{(\sum f/2) - S_{m-1}}{f_m} \times d = 400 + \frac{50 - 31}{24} \times 100 = 479$（元）。

因此女生月服装消费支出的中位数为 479 元，同理可得男生月服装消费支出的中位数为 433 元。从中数计算结果可得，女生的平均月服装消费支出比男生更高。

4. 变异指标

变异指标是衡量平均指标代表性和现象均衡与稳定的尺度。一般常使用的变异指标有全距、平均差、标准差和方差。其中标准差和方差是测度数据变异程度的最重要、最常用的指标，不仅在社会经济现象中被广泛应用，而且是推断统计不可或缺的指标。标准差与方差用于测度数据的离散程度，它们的作用实质上是一致的，但标准差的计量单位与所测度数据的计量单位相同，计算结果的实际意义要比方差更容易被理解。因此，在社会经济现象的统计分析中，标准差比方差的应用更为普遍，经常被用作测度数据与均值差距的标准尺度。

根据表 8-1 的数据资料，女生月服装消费支出的标准差计算过程如下：

$$S = \sqrt{\frac{\sum_{i=1}^{k}(x - \bar{x})^2 f_i}{\sum_{i=1}^{k} f_i - 1}} = \sqrt{\frac{(150 - 473)^2 \times 6 + \cdots + (750 - 473)^2 \times 8}{100}}$$

$$= 160.25 \text{（元）}$$

同理，求得男生月服装消费支出的标准差为 152.98 元。女生月服装消费支出的标准差小于男生的，说明女生月服装消费支出数据更加集中和稳定。

离散系数又称变异系数，是测度数据离散程度的相对统计量，主要是用于比较不同样本数据的离散程度。离散系数大，说明数据的离散程度大；离散系数小，说明数据的离散程度小。根据表 8-1 的数据资料，女生月服装消费支出的离散系数计算如下：

$$V_S = \frac{S}{\bar{x}} = \frac{159.45}{473} = 0.337\ 1$$

同理，可求得男生月服装消费支出的离散系数为 0.344 4。女生月服装消费支出离散系数小于男生，说明男生数据的离散程度小，平均消费支出代表性更强。

5. 数据分布形态测度指标

数据的分布特征，描述数据的集中趋势和离中趋势。另外，我们还需要了解数据的分布曲线相比于正态分布而言是否对称或偏斜、偏斜的程度和方向，以及分布曲线的陡峭程度、曲线顶端是尖峭还是扁平等，偏态和峰态就是对这些分布特征的描述。

偏度系数：$\alpha = \dfrac{m_3}{\delta^3}$；峰度系数：$\beta = \dfrac{m_4}{\delta^4}$。

其中，$m_3 = \dfrac{\sum (X-\bar{X})^3 f}{\sum f}$，$m_4 = \dfrac{\sum (X-\bar{X})^4 f}{\sum f}$。

根据表 8-1 的数据资料，女生月服装消费支出的偏度为-0. 187 9，呈轻度左偏分布；峰度为 2. 445，呈平顶分布。同理，对于男生而言，月服装消费支出偏度为 0. 172 7，呈轻度右偏分布；峰度为 2. 498 5，呈平顶分布。

三、案例分析

1. 案例蕴含的思政元素

（1）矛盾普遍性要求抓住主要矛盾，全面分析问题。

数据统计分析不能只停留在问题的表面，停留在数字的表面。如果仅对表格进行直观感受我们是无法获得足够有效和全面的信息的，这要求我们抓住重点，深入挖掘分析数据，全面看待问题，仅用单个指标时无法全面概括数据分布特点，应该采用总平均数与组平均数相结合、平均指标与变异指标相结合的方法，使分析结论更确切、更可靠。

（2）矛盾特殊性要求具体问题具体分析。

不同类型的指标有不同的含义，同一类型的指标也并非可以随意相互替代，我们应根据不同问题选择不同指标。例如，算数平均数和位置平均数同属于平均指标，但算数平均数只适用于定量的数据，中位数适用于定量和定序的数据，众数适用于定量、定序和定类的数据，但有可能存在没有众数或多个众数的情况。算术平均数易受到极端值的影响，有极端变量值时，中位数和众数作为代表值更好。

（3）一切从实际出发，实事求是，探求事物的内部联系及其发展的规律性。

统计学的根本是以数据为本，即“客观数据为本”，而马克思主义哲学同样提出“物质第一性”的观点。学生在学习和实践本门课程的过程中，要逐渐养成严谨、敬业、专注以及尊重事实的科学态度，尊重数据分析的最终结果，遵从统计学研究数据的初衷——找出数据的特征以及其中所蕴含的规律性，揭示事物的变化发展规律。

2. 启发思考题及分析

（1）众数、中位数与算术平均数的特点是什么?

参考答案：算数平均数是根据所有数据计算的，中位数和众数是根据数据分布形状和位置确定的；算术平均数只适用于定量的数据，中位数适用于定量和定序的数据，众数适用于定量、定序和定类的数据，但有可能存在没有众数或多个众数的情况；算数平均数易受到极端值的影响，有极端变量值时，用中位数和众数作为代表值更好。

（2）应用平均值表时应注意什么问题?

参考答案：首先，计算和应用平均指标的基本原则是现象的同质性。我们只有在同质总体的基础上计算和应用平均指标，结果才有真实的社会经济意义。其次，总平均数与组平均数的结合。平均指标反映了总体各单位某一数量标志值的一般水平却掩盖了各组之间的差异。总体各组之间及各组之内的差异往往影响总体的特征和分布规律，为了全面认识总体的特征和分布规律，我们常常用组平均数和变量分布数列补充总平均数。

四、教学反思

1. 课程设计

用本案例完成数据分布特征的描述知识点教学，建议安排2个课时（90分钟）。教学组织安排如表8-2所示。

表8-2 教学组织安排

学习阶段	学习内容	时间限制	学习目标
课前	分小组，预习课本关于数据分布特征的内容	上课前两天	熟悉数据分布特征的基本内容

表8-2(续)

学习阶段	学习内容	时间限制	学习目标
课中	教师介绍数据分布特征描述的各类指标	30 分钟	掌握计算的各类指标
	教师介绍课程内容中的思政元素	10 分钟	了解数据分布特征中的思政元素
	分组讨论课后思考启发题	20 分钟	回顾知识点，加强理解运用
	抽 6 个小组展示对课后思考题的分析（每两个小组分别解决同一个问题）	30 分钟	应用知识点，锻炼学生的理解和表达能力
	完成课后习题，预习下一章	—	增强印象，加深理解
课后			

2. 学生反馈

融入课堂教学的思政内容与专业知识能力一样，需要学生经过体验才能引起共鸣，获得价值认同感，最终内化成为能力和修养。为了有效地将思政内容融入专业知识学习中，在学生的课堂展示、课后答疑以及谈话等过程中，教师要将思政教育融入其中。通过实际案例的分析与学习，教师要让学生对判断思考和辩证思考有更深层次的理解，除了课堂展示外，布置适当的课下案例分析任务，如让学生通过问卷调查调查某种数据并对其集中趋势进行分析，最后撰写论文。在设计问卷—发放问卷—统计数据—分析数据这一系列过程中，学生能学会在普遍性和针对性间进行取舍，并逐渐提高自身判断分析能力和辩证思考能力。

3. 总结

通过本案例的学习，首先，学生要理解数据分布特征的描述的各类指标的含义、公式及运用范围。其次，学生要体会数据分布特征中的思政元素。最后，期望学生在以后的科学研究中能够坚持严谨、敬业、专注以及尊重事实的科学态度，实事求是，全面看待问题，在以后的实践应用中能够运用统计指标中所包含的判断思考和辩证思维方法来拓展延伸。

五、 参考文献

［1］向蓉美，王青华，马丹. 统计学［M］. 2 版. 北京：机械工业出版社，2019.

［2］习近平. 习近平：用新时代中国特色社会主义思想铸魂育人贯彻党的教育方针落实立德树人根本任务［N］. 人民日报，2019-03-19（001）.

案例八　从国民经济与社会发展统计公报看统计指数的运用

一、案例概况

1. 案例教学适用范围

本案例适用于经济类和管理类本科生基础课统计学课程学习中关于统计指数一章的教学。

2. 案例教学目标

（1）知识目标。

我国国家统计局和各省市统计局每年2月下旬都要公开国民经济与社会发展统计公报。这是全面了解全国或各省市经济与社会发展情况的重要信息，其中包括大量的统计指数。如何正确解读这些指数的含义？它们是如何计算的？它们相互之间存在怎样的关系？本案例从《中华人民共和国2019年国民经济和社会发展统计公报》（以下简称《统计公报》）中重要指数出发，让学生正确理解统计指数的含义、种类和计算方法，熟练运用指数之间相互关系进行推算和分析，了解重要指数的具体应用。

（2）能力目标。

思维能力：通过对《统计公报》中重要指数的分析解读，学生要深刻理解个别与一般、特殊性与规律性、局部与整体之间的关系，领悟如何透过现象认识事物的本质特征，学习如何利用指数体系把握现象变动之间的数量关系等。通过对统计指数的计算方法的思考和学习，学生要认识到解决同样的问题可以运用不同的思路和方法，不同方法有不同的适用场合，既有联系又有区别。

分析和解决实际问题能力：统计指数在经济研究、经济活动分析（无论宏观还是微观）乃至人们日常生活中都有广泛的应用。正确理解和运用统计指数，是分析经济数据、解决经济活动中很多实际问题时必不可少的能力。通过对《统计公报》中重要统计指数的解读，学生要能举一反三、触类旁通，将统计指数理论与现实经济问题紧密联系，正确分析和解读实际经济数据，分析并揭示主要矛盾。

（3）价值目标。

学生要深刻理解统计指数理论与应用中的辩证思维元素与科学研究方法，关注祖国经济和社会发展现实，从实际数据中真真切切地感受伟大的中国共产党领导全国人民艰苦奋斗，不断努力，实现富强、民主、文明、和谐的社会主义核心价值的进程。学生在学习过程中要增强自豪感、责任感，激发自身爱国、敬业的热情。

二、案例正文

中华人民共和国2019年国民经济和社会发展统计公报①

国家统计局

2020年2月28日

2019年，面对国内外风险挑战明显上升的复杂局面，在以习近平同志为核心的党中央坚强领导下，各地区各部门以习近平新时代中国特色社会主义思想为指导，全面贯彻党的十九大和十九届二中、三中、四中全会精神，按照党中央、国务院决策部署，坚持稳中求进工作总基调，坚持新发展理念和推动高质量发展，坚持以供给侧结构性改革为主线，着力深化改革扩大开放，持续打好三大攻坚战，统筹稳增长、促改革、调结构、惠民生、防风险、保稳定，扎实做好稳就业、稳金融、稳外贸、稳外资、稳投资、稳预期工作，经济运行总体平稳，发展水平迈上新台阶，发展质量稳步提升，人民

① 原文篇幅很大，共包括十二个部分：①综合；②农业；③工业和建筑业；④服务业；⑤国内贸易；⑥固定资产投资；⑦对外经济；⑧财政金融；⑨居民收入消费和社会保障；⑩科学技术和教育；⑪文化旅游、卫生健康和体育；⑫资源、环境和应急管理。这里仅重点摘录其中一些与统计指数有关的内容。有关图表也按案例编排的需要重新编号。原文地址：http://www.stats.gov.cn/tjsj/zxfb/202002/t20200228_1728913.html。

生活福祉持续增进，各项社会事业繁荣发展，生态环境质量总体改善，“十三五”规划主要指标进度符合预期，全面建成小康社会取得新的重大进展。

初步核算，全年国内生产总值990 865亿元，比上年增长6.1%①。其中，第一产业增加值70 467亿元，增长3.1%；第二产业增加值386 165亿元，增长5.7%；第三产业增加值534 233亿元，增长6.9%。第一产业增加值占国内生产总值比重为7.1%，第二产业增加值比重为39.0%，第三产业增加值比重为53.9%。全年最终消费支出对国内生产总值增长的贡献率为57.8%，资本形成总额的贡献率为31.2%，货物和服务净出口的贡献率为11.0%。人均国内生产总值70 892元，比上年增长5.7%。国民总收入988 458亿元，比上年增长6.2%。全国万元国内生产总值能耗比上年下降2.6%。全员劳动生产率为115 009元/人，比上年提高6.2%。

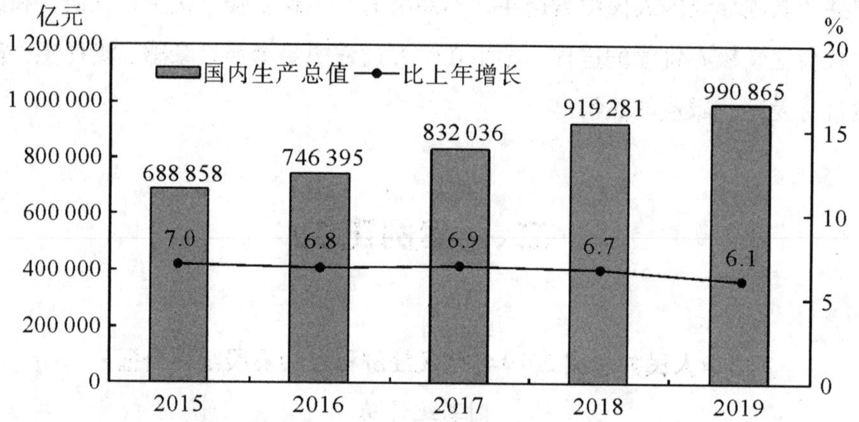

图9-1　2015—2019年国内生产总值及其增长速度

全年居民消费价格比上年上涨2.9%。工业生产者出厂价格下降0.3%。工业生产者购进价格下降0.7%。固定资产投资价格上涨2.6%。农产品生产者价格②上涨14.5%。

① 原文注：国内生产总值、三次产业及相关行业增加值、地区生产总值、人均国内生产总值和国民总收入绝对数按现价计算，增长速度按不变价格计算。

② 原文注：农产品生产者价格是指农产品生产者直接出售其产品时的价格。

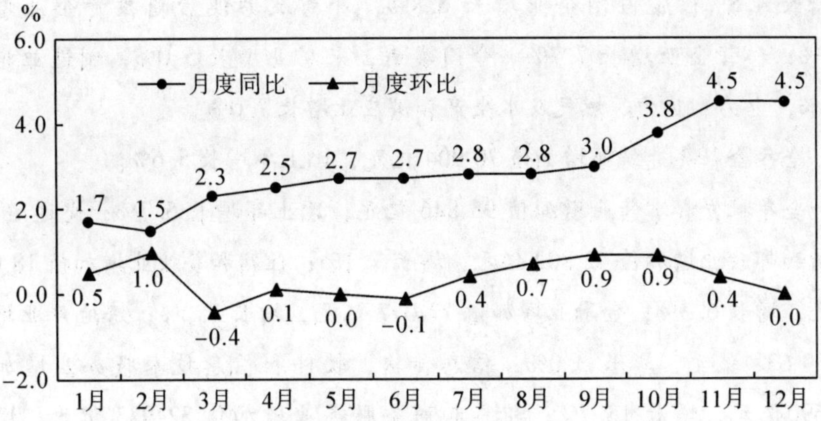

图 9-2　2019 年居民消费价格月度涨跌幅度

表 9-1　2019 年居民消费价格比上年涨跌幅度　　　　单位:%

指标	全国	城市	农村
居民消费价格	2.9	2.8	3.2
其中：食品烟酒	7.0	6.7	7.9
衣着	1.6	1.7	1.2
居住①	1.4	1.3	1.5
生活用品及服务	0.9	0.9	0.8
交通和通信	−1.7	−1.8	−1.4
教育文化和娱乐	2.2	2.3	1.9
医疗保健	2.4	2.5	2.1
其他用品和服务	3.4	3.5	3.1

脱贫攻坚成效明显。按照每人每年 2 300 元（2010 年不变价）的农村贫困标准计算，年末农村贫困人口 551 万人，比上年末减少 1 109 万人；贫困发生率 0.6%，比上年下降 1.1 个百分点。全年贫困地区农村居民人均可支配收入 11 567 元，比上年增长 11.5%，扣除价格因素，实际增长 8.0%。

全年粮食产量 66 384 万吨，比上年增加 594 万吨，增产 0.9%。全年谷物产量 61 368 万吨，比上年增产 0.6%。其中，稻谷产量 20 961 万吨，减产 1.2%；小麦产量 13 359 万吨，增产 1.6%；玉米产量 26 077 万吨，增产 1.4%。

全年全部工业增加值 317 109 亿元，比上年增长 5.7%。规模以上工业增加值增长 5.7%。在规模以上工业中，分经济类型看，国有控股企业增加

① 原文注：居住类价格包括租赁房房租、住房保养维修及管理、水电燃料等价格。

值增长 4.8%；股份制企业增长 6.8%，外商及港澳台商投资企业增长 2.0%；私营企业增长 7.7%。分门类看，采矿业增长 5.0%，制造业增长 6.0%，电力、热力、燃气及水生产和供应业增长 7.0%。

全年全社会建筑业增加值 70 904 亿元，比上年增长 5.6%。

全年批发和零售业增加值 95 846 亿元，比上年增长 5.7%；交通运输、仓储和邮政业增加值 42 802 亿元，增长 7.1%；住宿和餐饮业增加值 18 040 亿元，增长 6.3%；金融业增加值 77 077 亿元，增长 7.2%；房地产业增加值 69 631 亿元，增长 3.0%；信息传输、软件和信息技术服务业增加值 32 690亿元，增长 18.7%；租赁和商务服务业增加值 32 933 亿元，增长 8.7%。全年规模以上服务业企业营业收入比上年增长 9.4%，营业利润增长 5.4%。

全年货物运输总量 471 亿吨，货物运输周转量 199 290 亿吨公里。全年旅客运输总量 176 亿人次，比上年下降 1.9%。旅客运输周转量 35 349 亿人公里，增长 3.3%。

全年全社会固定资产投资 560 874 亿元，比上年增长 5.1%。其中，固定资产投资（不含农户）551 478 亿元，增长 5.4%。分区域看，东部地区投资比上年增长 4.1%，中部地区投资增长 9.5%，西部地区投资增长 5.6%，东北地区投资下降 3.0%。

全年全国居民人均可支配收入 30 733 元，比上年增长 8.9%，扣除价格因素，实际增长 5.8%。全国居民人均可支配收入中位数 26 523 元，增长 9.0%。按常住地分，城镇居民人均可支配收入 42 359 元，比上年增长 7.9%，扣除价格因素，实际增长 5.0%。城镇居民人均可支配收入中位数 39 244 元，增长 7.8%。农村居民人均可支配收入 16 021 元，比上年增长 9.6%，扣除价格因素，实际增长 6.2%。农村居民人均可支配收入中位数 14 389 元，增长 10.1%。

全年全国居民人均消费支出 21 559 元，比上年增长 8.6%，扣除价格因素，实际增长 5.5%。其中，人均服务性消费支出 9 886 元，比上年增长 12.6%，占居民人均消费支出的比重为 45.9%。按常住地分，城镇居民人均消费支出 28 063 元，增长 7.5%，扣除价格因素，实际增长 4.6%；农村居民人均消费支出 13 328 元，增长 9.9%，扣除价格因素，实际增长 6.5%。全国居民恩格尔系数为 28.2%，比上年下降 0.2 个百分点，其中城镇为 27.6%，农村为 30.0%。

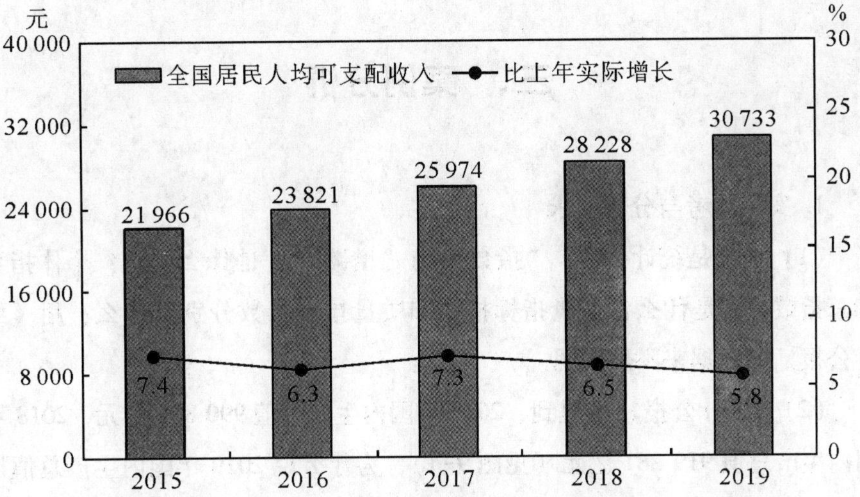

图 9-3 2015—2019 年全国居民人均可支配收入及其增长速度

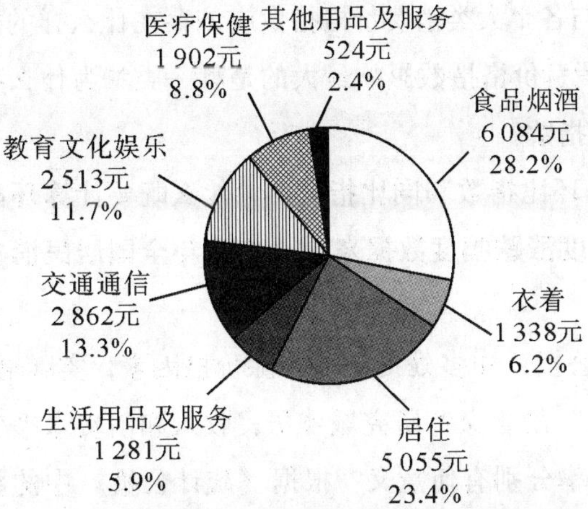

图 9-4 2019 年全国居民人均消费支出及其构成

初步核算，全年能源消费总量48.6亿吨标准煤，比上年增长3.3%。煤炭消费量增长1.0%，原油消费量增长6.8%，天然气消费量增长8.6%，电力消费量增长4.5%。煤炭消费量占能源消费总量的57.7%，比上年下降1.5个百分点；天然气、水电、核电、风电等清洁能源消费量占能源消费总量的23.4%，上升1.3个百分点。重点耗能工业企业吨钢综合能耗下降1.3%，每千瓦时火力发电标准煤耗下降0.3%。全国万元国内生产总值二氧化碳排放下降4.1%。

三、案例分析

1. 案例思考与分析要求

（1）什么是统计指数？“指数”与“增减率”是什么关系？个体指数和总指数分别是什么？数量指标指数和质量指标指数分别是什么？用《统计公报》的数据来举例说明。

（2）《统计公报》中提到，2019 年国内生产总值 990 865 亿元，2018 年国内生产总值 919 281 亿元（见图 9-1），为什么说 2019 年国内生产总值比上年增长 6.1%？

（3）全国居民消费价格指数是分哪几个大类进行计算的（按消费支出类别划分）？它与各个大类消费价格指数应该存在什么样的数量关系？对我国 2019 年居民消费价格指数影响最大的是哪一类？为什么我国要分城乡计算居民消费价格指数？

（4）什么是环比指数和同比指数？为什么既要计算环比指数也要计算同比指数？从月度涨跌幅度数据来看，2019 年全国居民消费价格的波动有何特点？

（5）《统计公报》中多处提到“扣除价格因素，实际增长……”，如何理解“实际增长”的含义？研究城乡居民收入和消费水平变化时，名义增长率与实际增长率分别有何意义？根据《统计公报》中的数据，分别说明城镇、农村居民人均可支配收入的实际增长速度是如何计算得来的？写出具体的计算式。

（6）试根据所给资料，利用指数体系，从相对数分析和绝对数两方面，对 2019 年全国居民人均消费支出的变动情况进行两因素分析（与 2018 年相比）。

（7）《统计公报》中“全年全社会固定资产投资 560 874 亿元，比上年增长 5.1%”。若扣除价格因素，实际增长率应是多少？

（8）尝试根据我国几种重要的价格指数对 2019 年的价格变化特征进行简要的说明。

2. 案例分析解答要点

（1）知识点：统计指数的概念与种类。

统计指数简称指数，是反映现象变动的相对数。指数-100%=增减率。

总指数举例：国内生产总值指数 106.1%、工业生产指数 105.7%、居民消费价格指数 102.9%、工业生产者出厂价格指数 99.7%。个体指数举例：稻谷产量指数 98.8%、煤炭消费量指数 101.0%、吨钢综合能耗指数 98.7%。国内生产总值指数、工业生产指数、稻谷产量指数和煤炭消费量指数等都是数量指标指数，居民消费价格指数、工业生产者出厂价格指数和吨钢综合能耗指数等都是质量指标指数。

（2）知识点：现价与不变价格，国内生产总值按现价计算的增长率与按不变价格计算的增长率的含义、数量关系。

按现价计算，2019 年国内生产总值 990 865 亿元，2018 年国内生产总值 919 281 亿元，2019 年比上年增长率为 7.79%，这是名义价值总量对比的结果，既包括社会最终产品实际生产量的变动，也包括社会最终产品价格的变动。按不变价格计算，2019 年国内生产总值比上年增长 6.1%，这是剔除了价格变动因素的增长率，真实反映国民经济生产成果的增长速度。

按不变价格计算的 GDP 指数=按现价计算的 GDP 指数/GDP 减缩指数

延伸思考：什么是国内生产总值减缩指数？能否根据《统计公报》中数据计算与上年相比 2019 年的国内生产总值减缩指数？

国内生产总值减缩指数实际上就是国内生产总值价格指数。

国内生产总值减缩指数=报告期按现价计算的 GDP/报告期按不变价格价计算的 GDP

也可根据指数体系来推算，如本案例中：

2019 年比上年的国内生产总值减缩指数=按现价计算的 GDP 指数/按不变价格计算的 GDP 指数=107.79%÷106.1%×100%=101.59%

（3）知识点：居民消费价格指数（CPI）的含义、分类和计算方法。

全国居民消费价格指数通常按食品烟酒、衣着、居住、生活用品及服务、交通和通信、教育文化和娱乐、医疗保健、其他用品与服务八个消费支出大类计算的。全国居民消费价格指数等于上述八个大类消费价格指数的加权算术平均数，权数是根据消费支出构成来确定的，但采用的是固定权数而不是基期或报告期实际消费支出比重。

对 2019 年居民消费价格指数影响最大的是食品烟酒类，其价格涨幅最大（7%），而且食品烟酒类的权重也最大（参考图 9-4）。

之所以分城乡计算居民消费价格指数，是因为我国城乡居民消费结构有较大差异，分别计算能真实反映价格变动对城乡居民生活的影响。

延伸思考、讨论：综合法指数和平均法指数各有什么不同特点？分别在什么场合适用？

总指数的计算方法有综合法和平均法两种。总指数是综合反映多个个体数量变动程度的相对数，但多个个体的数量有不同度量，不能直接加总和对比。对此，综合法和平均法各有不同的思路、要点和难点，有不同的适用场合，一定条件下又存在变形关系。

综合法指数的基本思路是，先将不同度量的多种个体的数量转化为同度量的指标进行综合后再对比，关键在于寻找同度量因素并假定其固定不变。选择的同度量因素不同，指数就有不同的经济意义。同度量因素固定在不同时间时就要采用拉氏公式、派氏公式等不同的综合法指数计算公式。

平均法指数的基本思路是，先分别计算出反映各个体数量变动程度的个体指数，再将这些个体指数平均从而求得总指数，即通过平均的方法综合反映多个个体的平均变动程度，其关键在于选择平均的方法及其权数，最常使用的是加权算术平均法指数。

当权数为 $q_0 p_0$ 时，加权算术平均法指数是拉氏综合法指数的变形。当权数为 $q_1 p_1$ 时，加权调和平均法指数是派氏综合法指数的变形。

综合法指数只能适用于全面调查数据，平均法指数不仅可用于全面调查数据，还可用于非全面调查数据。我国计算 CPI 采用的基本方法是固定权数的加权算术平均法。

延伸思考、阅读：我国 CPI 的固定权数为什么也要调整？

（4）知识点：环比指数与同比指数。

环比指数反映现象逐期连续变化的程度，同比指数反映现象本期与去年同期相比的变化程度。两者各有不同的作用。从月度涨跌幅度数据来看，2 月份环比涨幅达到 1%，这主要是受春节因素的影响，而消除了季节性因素的同比涨幅仅 1.5%，仍然处于合理范围。3 月份环比涨幅为负数但同比涨幅较大，8、9、10 月份连续三个月环比涨幅较大且同比涨幅也较大，这四个月份的价格波动值得重点关注。

（5）知识点：名义增长率与实际增长率、指数体系用于相互推算、CPI 的正确运用。我们将两个根据实际价格（现价）计算的价值量指标进行对比并减去 100%所得到的增长率即名义增长率，包含价格和物量两个因素的影响；“扣除价格因素，实际增长……”就是剔除了价格变化的影响，仅反映物量因素的增长情况。研究城乡居民收入水平变化时，实际增长率能够更准确地反映居民生活水平的实际提高程度。

城镇居民人均可支配收入名义值指数（107.9%）/城镇居民消费价格指

数（102.8%）= 城镇居民实际人均可支配收入指数（105.0%）。因此，城镇居民人均可支配收入实际增长 5.0%。

农村居民人均可支配收入名义值指数（109.6%）/农村居民消费价格指数（103.2%）= 农村居民实际人均可支配收入指数（106.2%）。因此，农村居民人均可支配收入实际增长 6.2%。

值得注意的问题如下：

①有人用“名义增长率-价格上涨率”来计算实际增长率。该计算方法很简单，但须明白这只是一个近似计算公式，可近似用于两个增长率都很小时；但若当两个增长率都较大时，这个算式的计算结果误差较大。

②城、乡居民人均可支配收入实际增长率须分别用相应的城、乡居民消费价格指数计算，不能统一用全国居民消费价格总指数计算。

延伸思考：人均消费支出的名义增长率与实际增长率的关系。

（6）知识点：指数体系用于因素分析

这里仅列出有关指标数值之间的联系，详细计算过程和文字分析不再赘述。

指数体系：105.5%×102.9%×100% = 108.6%

绝对数体系：1 099.66+607.59 = 1 707.25（亿元）

（7）知识点：固定资产投资的实际增长率。

全年全社会固定资产投资 560 874 亿元，比上年增长 5.1%。又知，固定资产投资价格上涨 2.6%。因此，固定资产投资实际增长率 = 固定资产投资额指数/固定资产价格指数-100% = 105.1%÷102.6%-100% = 2.44%。

须注意：剔除价格影响要运用相应的价格指数，这里不能用 CPI 等价格指数，而要用固定资产价格指数。

延伸思考：运用指数体系对 2019 年全社会固定资产投资变动（与 2018 年相比）进行因素分析。

（8）知识点：几种价格指数的解读。

2019 年我国市场价格总体稳定，涨幅温和。居民消费价格比上年上涨 2.9%，低于全年预期目标。工业生产者出厂价格和购进价格都略有下降。固定资产投资价格温和上涨。农产品生产者价格涨幅最大（14.5%），这也是农产品销售价格上涨（尤其是猪肉价格上涨），进而居民食品支出类消费价格大幅上涨的原因。

延伸思考与讨论：宏观经济统计分析中几种重要的价格指数的相互关系与结合运用。

我们可以从指数所覆盖的对象范围、数据采集难易度、指数发布频率与时效性及主要用途等方面进行比较。例如，工业生产者购进价格与农业生产资料价格指数具有先行性（领先指数），实际分析中要特别关注它们的预警作用；居民消费价格指数最贴近人们生活，常用于分析居民收支和生活水平；国内生产总值减缩指数最全面但计算难度大，时效性差。

2. 案例蕴含的思政元素

（1）唯物辩证法中关于个别与一般、特殊性与规律性、现象与本质、局部与整体、主观认识与客观事实的关系。

事物总是在不断发展变化之中。统计指数就是反映现象变动程度的常用统计指标。个体指数反映单个个体的数量的变动程度，总指数综合反映众多个体变动程度的一般水平。个体指数与总指数的关系，就属于唯物辩证法中个别与一般、个性（特殊性）与共性（规律性）的关系。

统计学的研究对象很复杂，由众多的个体构成。受到一些个别的、特殊因素的影响，个体千差万别，它们的变动程度不尽相同甚至方向会相反。个体众多，数不胜数，我们不可能一一列举全部个体指数来反映研究对象整体的变动特征，即使能够逐一计算出全部个体指数，也是“只见树木，不见森林”，很容易以偏概全，看不到事物的本质特征。总指数具有综合性和平均性，若要综合反映众多个体变动程度的一般水平和本质特征，我们就要运用总指数。

例如，居民消费价格指数（CPI）通过八个大类的消费品与服务的数据计算得出，既有价格上涨的，也有价格下降的（如通信费），还包括水、电、气等由政府定价、价格相对稳定的商品，因此CPI全面反映了居民消费价格变动的一般水平。当然，分析中也不能只讲“平均”“一般”，也要关注“个别”“特殊”。例如，《统计公报》中除了用到大量总指数的信息，也发布了一些关系国计民生的主要产品（粮、棉、钢、煤等）的产量或消费量个体指数的信息。

此外，我们还要注意，对于物价的变动，由于消费水平、消费结构、消费理念和所属地区等不同，每个人对物价变动程度的承受能力和感受程度也会很不一样。例如，粮食和肉类价格上涨，相对高收入者而言，这对低收入者的影响要大得多，低收入者往往感觉物价总水平上涨较多。因此，我们在编制和运用价格指数时，一方面要正确计算总指数，力求真实地综合反映客观事实，避免不同个人或群体产生主观认识、主观感受的偏差；另一方面要合理分类，分别编制和运用不同类别、不同群体的消费价格指数，充分考虑局部（类，群）与整体的区别与联系，以满足不同分析目的。例如，CPI 分大类、中类、小类（基本分类）来计算，还分城、乡区域计算，甚至可以分不同收入阶层进行计算。

（2）关于事物相互联系、主要矛盾与次要矛盾以及矛盾的主要方面与次要方面等关系。

马克思主义哲学告诉我们，万事万物都不是孤立存在的，而是相互联系、相互制约的。分析问题时我们要区分主要矛盾与次要矛盾，认清矛盾的主要方面与次要方面。根据这些原理，利用统计指数进行国民经济和社会发展变化情况的分析时，我们要善于将多个有关指数联系起来，才能分析得全面系统；同时又要突出数据对国民经济活动中最基本的问题和主要方面的反映。例如，《统计公报》中运用的指数，不仅有数量指标指数，还有质量指标指数；不仅涉及生产环节、流通环节，还涉及收入分配和使用环节。反映国民经济这个大系统中价格的变动，不仅有 CPI、PPI，还有工业生产者购进价格指数、固定资产投资价格指数、农产品生产者价格指数等。与民生密切相关的 CPI，既有环比指数也有同比指数，既有总指数也有分不同类别、分城乡的指数。从《统计公报》可知，2019 年我国市场价格总体稳定，但农产品生产者价格涨幅最大（14.5%），尤其是猪肉价格上涨，这是造成食品类消费价格大幅上涨的主要原因，农村涨幅高于城镇涨幅。

指数体系是指多个有联系的指数构成的一个有机整体。广义的理解方面，如上所述，CPI、PPI、固定资产投资价格指数、农产品生产者价格指数等构成一个从不同角度反映国民经济价格水平变动的指数体系。我国股票市场方面，上证指数、深证指数、沪深 300 指数等构成一个股价指数体系。狭义的理解方面，指数体系是指一个指数与其各影响因素的指数之间的数量关系。统计学教材一般所讲的指数体系是指狭义的指数体系。例如，某一价值量指标可分解为数量指标（q）和质量指标（p）两个因素相乘，则三者的指数也相应形成一个等式关系：

价值量指数（$\bar{I}_{qp}$）= 数量指标指数（$\bar{I}_q$）× 质量指标指数（$\bar{I}_p$）

我们利用上述指数体系不仅可以进行相互推算，也可进行因素分析。利用指数体系进行相互推算就是根据其中已知指数来推算未知的某个指数。参见案例分析中的（2）（5）（7）。利用指数体系进行因素分析，参见案例分析中的（6）。可见，指数体系既可用于把握现象变动之间的数量关系，也有助于通过因素分析揭示现象变动的主要影响因素。

（3）关注现实，心系祖国，增强自豪感、责任感，激发爱国、敬业的热情。

深入解读《统计公报》中的指数时，我们要理论联系实际，不仅有助于训练学生深刻理解统计指数理论及其应用中的辩证思维元素与科学研究方法，提升学生分析研究实际问题的能力，更有助于培养学生关注国民经济和社会发展现实，养成自觉关心国家大事、正确理解和拥护党和国家方针政策的良好习惯，提升学生正确剖析社会问题的认知能力。学生通过大量实际数据可以了解祖国建设在方方面面取得的伟大成就和变化，真真切切感受中国共产党领导全国人民艰苦奋斗，不断努力，实现富强、民主、文明、和谐的社会主义核心价值的进程。学生在学习过程中要增强自豪感、责任感，激发自身爱国、敬业的热情。

例如，近年来，我国的经济发展理念更强调经济增长的质量，特别关注民生问题，缩小贫富差距是一项艰巨而伟大的任务，有关政策措施的落实情况和实际成效如何呢？从《统计公报》中我们不难看到很多有关指数。例如，“全年贫困地区农村居民人均可支配收入 11 567 元，比上年增长 11.5%，扣除价格因素，实际增长 8.0%”。贫困地区农村居民人均可支配收入的增长速度大大快于全国城镇居民的人均可支配收入增速，也高于农村居民整体的收入增速。当然也应看到，我国经济和社会发展的不平衡问题还比较严重，距离国强民富、共同富裕的战略目标，道阻且长，还需坚持不懈、努力奋进。

四、 教学反思

1. 教学设计

用本案例完成统计学课程中统计指数的基本概念、种类、计算方法以及指数体系与因素分析等知识点的教学，建议安排 3 个课时。教学组织安排如表 9-2 所示。

表 9-2 教学组织安排

学习阶段	学习内容	时间限制	学习目标
课前	学生预习教材关于统计指数的基本内容，预习案例，分任务小组。	上课前两天	了解统计指数的基本概念、种类、计算方法，熟悉案例材料

表9-2(续)

学习阶段	学习内容	时间限制	学习目标
课中	教师讲解指数的基本内容	80 分钟	理解指数的基本内容
	教师介绍统计指数运用中的思政元素（可在上述基本内容中融合介绍）	10 分钟	领会指数分析中的思政元素
	分组讨论案例分析题	20 分钟	消化知识点，加深理解运用
	一些小组展示对思考题的分析（每个问题抽 1~2 个小组）	25 分钟	加深学生对知识点的理解，训练学生的理解和表达能力
课后	完成课后练习	—	巩固知识，加深理解，熟练运用

2. 学生反馈

统计学是一门方法论学科。统计理论和方法的学习和正确运用，离不开马克思主义科学的思维方法和世界观的指导。统计知识的学习与思政素质的提升不仅不会冲突，反而应该是融为一体、相得益彰的。大学专业课程的学习，应该有更多联系实际的思考，教材内容和课堂教学时间毕竟有限，案例是必要的补充。但是，在过去的教学实践中，一些同学会觉得思政教育与统计课堂距离遥远，或急功近利，或浅尝辄止，或有畏难情绪，或置之不理，不愿花费时间去深入思考，不愿花费精力去扩展阅读。这就让案例教学尤其是思政案例教学的实施往往不达预期。

为此，编者建议：

首先，可在课程考核中加大案例分析成绩的比重，激励学生重视并积极参与案例学习。

其次，在案例教学的具体方式上可灵活多样，可课堂讲解或讨论的内容，也可以作为课前预习或课后复习、练习的内容。

最后，要优化案例编写和教学设计。其一，案例尽可能是最新的实际问题；其二，为节约阅读时间，可尽量精简原始材料；其三，启发思考与分析问题的设计要尽可能有层次，有易有难，让所有学生至少都能够解答最基本的一些问题，也给基础好、爱思考的学生提供更富有挑战性的问题，让不同层次的学生或多或少都能在案例学习中有所收获。

3. 总结

通过本案例的学习，教师要让学生结合实际应用的指数，正确理解统计指数的含义、种类和计算方法，熟练运用指数之间相互关系进行推算和分析，扩大阅读范围，加大思考深度。这不仅有助于训练学生的辩证思维能力，提升学生分析和解决实际问题能力，也有助于学生正确理解党和国家在不同阶段的工作重心和政策措施，了解经济社会发展的成就，养成关注时事、勤于思考的良好习惯，增强学生的自豪感、责任感，培养学生成为爱国敬业、敢担当、能力强的高素质人才。

五、 参考文献

[1] 中华人民共和国国家统计局. 中华人民共和国2019年国民经济和社会发展统计公报 [EB/OL]. (2020-02-28) [2021-05-30]. http://www.stats.gov.cn/tjsj/zxfb/202002/t20200228_1728913.html.

[2] 向蓉美，王青华，马丹. 统计学 [M]. 2版. 北京：机械工业出版社，2017.

[3] 向蓉美，王青华，马丹. 统计学学习指导与努力提升训练 [M]. 北京：机械工业出版社，2017.

[4] 中华人民共和国国家统计局. 您身边的统计指标：居民消费价格指数. [EB/OL]. (2014-06-19) [2021-05-30]. http://www.stats.gov.cn/tjzs/tjbk/nsbzb/201402/P020140226558226322808.pdf.

[5]《中国特色社会主义理论与实践研究》编写组. 中国特色社会主义理论与实践研究 [M]. 北京：高等教育出版社，2018

[6] 邱东. 来淋一阵“指数雨”吧：“指数化时代”开启与经济统计作为之一 [J]. 中国统计，2009 (7).

案例九　统计指数

一、案例概况

（一）案例教学适用范围

本案例适用于本科生统计学课程中的统计指数的教学与培训。

（二）案例教学目标

（1）知识目标。

学生要理解统计指数的概念及计算方法，熟悉指数的编制原理、应用及几种常用的价格指数。

（2）能力目标。

辩证思维能力：通过对统计指数概念、作用、分类、总指数的计算、指数体系与因素分析等相关知识的学习，学生要学会利用逻辑历史的辩证思维方法来看待问题，不仅要学会运用普遍联系的观点考察思维对象的横向联系，也要会运用辩证思维的发展观考察思维对象的纵向发展过程，从而实现对思维对象多方面、多角度、多侧面、多方位的考察。

解决问题能力：学习完统计指数的相关内容及具体的计算应用之后，学生要意识到理论联系实际的重要性，学会将统计方法应用到实际问题中，量化社会经济生活的发展变化，更好地指导价值创造的方向。

（3）价值目标。

形成良好的研究习惯：学生要认识统计学知识中所包含的辩证唯物主义、事物发展变化等思政元素，正确认识科学技术和科学研究方法，养成专业、严谨、求实的科学研究习惯。

二、案例正文

某市场2018年和2019年三种商品的零售价格和销售量如表10-1所示，计算三种商品的价格总指数和销售量总指数，并利用指数体系分析零售价格和销售量对销售额的影响。

表10-1　某市场2018年和2019年三种商品的零售价格和销售量

商品名称	计量单位	销售量		单价/元	
		2018	2019	2018	2019
粳米	吨	120	150	2 600	3 000
标准粉	吨	150	200	2 300	2 100
花生油	千克	1 500	1 600	9.8	10.5

在解决本案例之前，我们首先需要了解指数与总指数的概念。广义指数是指一切说明社会经济现象数量变动或差异程度的相对数，而狭义指数是指综合反映复杂现象总体数量变动或差异程度的特殊相对数。所谓复杂现象总体是指那些由许多计量单位不同、性质各异的个体组成，数量上不能直接加总的现象总体。例如，本案例中的粳米、标准粉和花生油的数量不能直接相加；这些商品的价格虽然都以“元”计量，但也不能直接相加。因此，要反映居民消费数量和价格的变动，我们必须想办法使不能相加的现象变成能够相加的、能够对比的现象，这样得到的特殊相对数就是狭义的指数。从指数理论和方法上看，我们主要研究的对象是狭义指数。

指数具有综合性和平均性的特点。所谓综合性，是指狭义指数是综合反映多个个体构成的复杂现象总体的变动。综合性说明指数是一种特殊的相对数，它是由一组变量或项目综合对比形成的。例如，该市场的消费价格指数不是反映一种消费品的价格的变动，而是综合反映三种商品价格的总变动。所谓平均性，是指狭义指数反映的总变动本质上是一种平均变动，是总体水平的一个代表性数值。由于各个个体的变动是参差不齐的，指数反映的这种总变动实际上是将个体差异抽象，反映总体中各个个体变动的一般程度。

在了解了指数的基本概念后，我们还应区分开个体指数与总指数。个体指数用于反映单个事物变动的相对数，而总指数是用于反映复杂现象总体综合变动的相对数，也就是我们上文所介绍的狭义指数。计算个体指数时，销

售量个体指数 $I_q = \frac{q_1}{q_0} \times 100\%$ ，价格个体指数 $I_p = \frac{p_1}{p_0} \times 100\%$ 。例如，本案例中的粳米的销售量个体指数 = 150÷120×100% = 125.00%，粳米的价格个体指数 = 3 000 ÷ 2 600 × 100% = 115.38%，即该市场粳米的销售量上涨了 25.00%，粳米的价格上涨了 15.38%。

如果我们想要反映市场中三种商品的综合变动情况，又该如何计算呢？总指数的基本计算方法有综合法和平均法两种。

1. 综合法

综合法指数是总指数的基本计算方法，是通过两个时期的综合总量对比计算的总指数。其主要特点是先综合后对比。我们用 q 表示数量指标，p 表示质量指标，下标 1 表示报告期，下标 0 表示基期，I 表示个体指数，I 表示总指数。

销售量这一实物量指标是不能直接加总的，计算销售量总指数需要引入销售价格为同度量因素，用销售量乘以销售单价，使不能加总的销售量转化为可以加总的总销售额。同时，单价还起到权数的作用，因为单价直接影响总销售额，单价高的产品其销售量乘以单价所得总销售额相对较大，对销售量总指数的影响也较大，而单价低的产品其销售量乘以单价所得总销售额相对较小，对销售量总指数的影响也较小。同理，价格这一指标也是不能直接加总的，计算价格总指数需要引入销售量作为同度量因素。

在引进同度量因素的同时，我们必须将同度量因素的时期固定下来。同度量因素固定的时期如何选择，是国内外统计理论界长期讨论的一个重要问题。

（1）把同度量因素固定在基期——拉氏指数。

拉式指数将同度量因素固定在基期，所计算出的指数不包含同度量因素的变化，只单纯反映指数化指标的变化。拉式数量指标指数和拉式质量指标指数计算公式分别如下：

$$\bar{I}_q = \frac{\sum q_1 p_0}{\sum q_0 p_0} \tag{1}$$

$$\bar{I}_p = \frac{\sum q_0 p_1}{\sum q_0 p_0} \tag{2}$$

（2）把同度量因素固定在报告期——帕氏指数。

帕氏指数的计算公式分别如下：

$$\bar{I}_q = \frac{\sum q_1 p_1}{\sum q_0 p_1} \tag{3}$$

$$\bar{I}_p = \frac{\sum q_1 p_1}{\sum q_1 p_0} \tag{4}$$

（3）把同度量因素固定在某一特定时期——固定权数指数。

计算产品数量指数时，为了便于各个时期的指数进行相互对比，我们可用不变价格或某一特定时期的价格 p_n 作为同度量因素，目的是消除各时期价格变动的影响，反映数量的变化，即

$$\bar{I}_q = \frac{\sum q_1 p_n}{\sum q_0 p_n} \tag{5}$$

根据以上总指数的计算公式，我们可以发现拉氏指数、帕氏指数和总额指数有以下关系：

$$\frac{\sum q_1 p_1}{\sum q_0 p_0} = \frac{\sum q_1 p_0}{\sum q_0 p_0} \times \frac{\sum q_1 p_1}{\sum q_1 p_0} \tag{6}$$

$$\frac{\sum q_1 p_1}{\sum q_0 p_0} = \frac{\sum q_1 p_1}{\sum q_0 p_1} \times \frac{\sum q_0 p_1}{\sum q_0 p_0} \tag{7}$$

为了使指数体系成立和进行因素分析，在计算数量指标指数时，我们通常将同度量因素固定在基期，即用拉氏公式；在计算质量指标指数时，通常将同度量因素固定在报告期，即用帕氏公式。

由此我们可以建立指数体系，指数体系是若干个有联系的指数形成的整体。社会经济现象之间总是相互联系的，每一现象的变动都受到其他因素的影响和制约，这些因素之间的联系往往可以通过指标之间的经济关系式反映出来。现象之间的这种联系反映在指数关系上就形成指数体系。例如，商品销售额指数=销售量指数×销售价格指数。指数体系包括相对数和绝对数两种形式。

$$\frac{\sum q_1 p_1}{\sum q_0 p_0} = \frac{\sum q_1 p_0}{\sum q_0 p_0} \times \frac{\sum q_1 p_1}{\sum q_1 p_0} \tag{8}$$

$$\sum q_1 p_1 - \sum q_0 p_0 = \left(\sum q_1 p_0 - \sum q_0 p_0\right) + \left(\sum q_1 p_1 - \sum q_1 p_0\right) \tag{9}$$

根据以上的理论总结，我们可以计算出该市场的销售额变动、产品价格变动、销售量变动如下：

$$\text{销售额指数} = \frac{\sum q_1 p_1}{\sum q_0 p_0} \times 100\% = \frac{886\ 800}{671\ 700} \times 100\% = 132.02\%$$

$$\text{销售额变动} = \sum q_1 p_1 - \sum q_0 p_0 = 886\ 800 - 671\ 700 = 215\ 100 \text{（元）}$$

这个结果是由产品销售量和价格两个因素变动共同引起的。其中，商品价格变动影响如下：

$$\text{价格指数} = \frac{\sum q_1 p_1}{\sum q_1 p_0} \times 100\% = \frac{886\ 800}{865\ 680} \times 100\% = 102.44\%$$

$$\text{价格变动的影响额} = \left(\sum q_1 p_1 - \sum q_1 p_0\right) = 886\ 800 - 865\ 680 = 21\ 120 \text{（元）}$$

产品销售量变动影响如下：

$$\text{价格指数} = \frac{\sum q_1 p_0}{\sum q_0 p_0} \times 100\% = \frac{865\ 680}{671\ 700} \times 100\% = 128.88\%$$

$$\text{销售量变动的影响额} = \left(\sum q_1 p_0 - \sum q_0 p_0\right) = 865\ 680 - 671\ 700 = 93\ 980 \text{（元）}$$

三者之间的相对数量关系为：132.02%=102.44%×128.88%×100%

三者之间的绝对数量关系为：215 100=21 120+193 980

2019年与2018年相比，三种商品的销售额增长32.02%，销售额增加215 100元。其中由于零售价格变动，销售额增长2.44%，销售额增加21 120元；由于销售量变动，销售额增长28.88%，销售额增加193 980元。

2. 平均法

我们也可以利用平均法计算总指数，平均法指数是通过对个体指数加权平均求总指数的方法，其主要特点是先对比后综合。计算平均法指数要解决的主要问题是：采用哪种平均方法？权数如何确定？常用的平均方法主要包括算术平均法和调和平均法。权数的确定既要考虑经济意义，又要考虑获取资料的可行性，一般有基期总额（q_oP_0）、报告期总额（q_1p_1）和比重（w）等权数形式。在这里我们以指数化指标的性质和平均方法为划分依据，分别介绍加权算术平均法指数和加权调和平均法指数。

（1）加权算术平均法指数。

加权算术平均法指数是采用算术平均形式对个体指数进行加权平均求总指数的方法，其计算公式如下：

$$\bar{I}_q = \frac{\sum \frac{q_1}{q_0} q_0 p_0}{\sum q_0 p_0} \tag{10}$$

$$\bar{I}_p = \frac{\sum \frac{p_1}{p_0} q_0 p_0}{\sum q_0 p_0} \tag{11}$$

上述计算结果与前述拉氏指数结果完全相同。从公式（10）和公式（11）不难看出，在同一资料情况下，以基期总额 q_0p_0 为权数的加权算术平均法指数与拉氏综合法指数的经济意义和计算结果完全相同。

加权算术平均法指数不仅可以用绝对数加权，也可以用比重加权，其基本形式如下：

$$\bar{I}_q = \frac{\sum Iw}{\sum w} \tag{12}$$

（2）加权调和平均法指数。

加权调和平均法指数是采用调和平均形式对个体指数进行加权平均计算总指数的方法，计算公式如下：

$$\bar{I}_q = \frac{\sum q_1 p_1}{\sum \frac{1}{q_1/q_0} q_1 p_1} \tag{13}$$

$$\bar{I}_p = \frac{\sum q_1 p_1}{\sum \frac{1}{p_1/p_0} q_1 p_1} \tag{14}$$

可见，其计算结果与前面用综合法帕氏指数计算的结果完全相同。从公式（13）和（14）不难看出，就同一资料，以报告期总额 q_1p_1 为权数的加权调和平均法指数与帕氏综合法指数的经济意义和计算结果完全相同。

通过上述案例分析，我们要对统计指数的知识点有整体性的把握，熟悉指数体系的原理及应用步骤，通过案例了解到指数在现实生活中的作用和意义。统计指数在实际中有很广泛的应用，根据研究目的和研究背景的不同我们可采用很多不同的具体方法求得，统计指数是分析社会经济发展情况的有力帮手，在统计工作中起着不可忽视的作用，如居民消费价格指数（CPI）、工业生产者出厂价格指数（PPI）、农产品生产价格指数等，这些指数均是评价宏观经济发展情况的重要指数。这些指数与人们的生产、生活密切相关，同时，在整个国民经济价格体系中也具有重要的地位，它们通常是进行经济分析和决策、价格总水平监测和调控及国民经济核算的重要指标，影响着政府关于财政、货币、消费、工资、社会保障等政策的制定，是研究人民生活水平、监测社会稳定性、进行宏观经济分析和调控的重要依据。使用指数体系进行因素分析不仅适用于现象总量的变动分析，也适用于分组情况下总平均数的变动分析，如不同企业背景下的总劳动生产率的变动情况的分析等。总而言之，统计指数中蕴含着普遍联系、发展观等辩证思维，可以多方位地考察对象的横向和纵向发展过程，是研究现象差异和变动的重要统计方法，对于经济分析和政府决策具有重要意义。

三、案例分析

1. 案例蕴含的思政元素

（1）辩证唯物主义时空观。

马克思辩证唯物主义认为，时间是指物质运动的持续性、顺序性，特点是一维性。持续性说明时间不能静止、不能中断；顺序性代表时间只能严格按照过去—现在—将来的顺序发展；一维性说明时间只能按照一个方向运行，时间是不可逆的，即我们经常说的“时间一去不复返”。空间是指物质运动的广延性、伸张性，特点是三维性。简单说来就是空间向长、宽、高三个方向广延、伸张。时空是绝对性与相对性的统一，是指时空客观实在性的不变性和具体特性的可变性。时间和空间作为物质运动的存在形式，它们的客观实在性是不变的、无条件的，因而是绝对的；而受物质运动特性所制约的时间和空间的具体特性是可变的、有条件的，因而是相对的；人们关于时间和空间的观念也是可变的、发展的，因而也是相对的。时空也是有限性和无限性的统一，是指物质世界在时间和空间上是无限的，而具体事物的时间和空间都是有限的，在时间上是暂时的，在空间上是有界限的。

广义的统计指数是一种反映社会经济现象数量变动的相对数，既包括时间上的对比，也包括空间上的对比。运用指数可以测定不能直接相加和不能直接对比的社会经济现象的总动态，可以分析社会经济现象总变动中各因素变动的影响程度，可以研究总平均指标变动中各组标志水平和总体结构变动的作用。从对比性质来看，指数通常是不同时间的现象水平的对比，它表明现象在时间上的变动情况（动态）。此外，指数还可以是不同空间（如不同国家、地区、部门、企业等）的现象水平的对比，或者是现象的实际水平与计划（规划或目标）水平的对比。统计指数具有相对性，统计指数总体各变量在不同场合下对比形成的相对数可以度量一个变量在不同时间或不同空间的相对变化。综合反映复杂社会经济总体在时间和空间方面的变动方向和变动程度，这是统计指数的最重要的作用。在社会经济现象中，大量存在着不能直接加总或不能直接对比的复杂总体，为了反映和研究它们的变动方向和变动程度，我们只能通过统计指数法编制统计指数得到解决。

（2）唯物辩证法的发展观。

世界是普遍发展的，一成不变的事物是没有的。发展的实质是事物的前进和上升，是新事物的产生和旧事物的灭亡。发展是前进性和曲折性的统一，事物发展的前途是光明的，道路是曲折的。发展是量变和质变的统一，量变是质变的前提和必要准备，量变积累到一定程度必然会引起质变，质变是量变的必然结果，质变为新的量变开辟新的道路。新事物的发展前途是光明的，是新事物的本质决定的，新事物符合事物发展规律，有强大的生命力和远大的发展前途，新事物与旧事物相比有无与伦比的优越性。新事物吸收了旧事物的积极、合理因素，克服了旧事物消极、过时的因素，增添了旧事物所不能容纳的新内容，社会领域中的新事物符合人民群众根本利益和要求，得到人民群众的支持和拥护。然而事物发展道路是曲折的，因为新事物的发展要经历一个由小到大、由不完善到比较完善的过程，新事物会受到强大的旧事物的极力阻挠和扼杀，社会领域中的新事物得到人民群众的支持和拥护会有一个过程。这要求我们学会用发展的观点看问题，坚持辩证唯物主义发展观。

指数的编制是从物价发生变动时出现的。18 世纪中叶，由于金银大量流人欧洲，欧洲的物价飞涨，引起社会不安，于是产生了反映物价变动的要求，这就是物价指数产生的根源。在统计实践中，我们经常要研究多种商品或产品的价格综合变动情况、多种商品的销售量或产品产量的总变动、多种产品的成本总变动情况、多种股票价格综合变动情况等。这些变化情况正是经济社会不断向前发展的具体体现。为了反映和度量社会发展情况，为人们将来的投资决策提供预测基础，统计指数的编制成为社会经济的“晴雨表”，从而对比现象在不同时期、不同空间的变化情况。统计指数以一个可视化的形式为我们展现了经济社会的发展状况，反映了社会经济的量变过程，为未来的经济走向提供了历史数据与经验，从而迎接经济社会质的飞跃。

(3) 社会主义核心价值观。

社会主义核心价值体系是兴国之魂，是社会主义先进文化的精髓，决定着中国特色社会主义发展方向。这是中国共产党把马克思主义理论与建设中国特色社会主义相结合时取得的又一重大成果，使我们在社会主义建设的各项工作中有了更为明确的价值引领，使人民在思想和行动方面有了更明确的价值遵循。党的十八大报告提出："倡导富强、民主、文明、和谐，倡导自由、平等、公正、法治，倡导爱国、敬业、诚信、友善，积极培育和践行社会主义核心价值观。"马克思主义指导思想贯穿了社会主义核心价值观的全部内容，核心价值观中国家、社会、个人三个层面的 24 字目标都符合马克思主义的本质要求。培育和践行社会主义核心价值观也需要从教育深入，我们要在教学中深度结合、高度凝练其核心内容，围绕立德树人的根本任务，把社会主义核心价值观纳入高等教育总体规划，并切实落实到教学的具体环节中，以努力培养德智体美劳全面发展的社会主义接班人。

统计指数是描述统计的重要内容，通过各项指标来描绘数据的特征达到对于数量规律和经济状况的认识。可以说统计指数综合反映复杂现象总体变动的方向和程度，旨在对经济现象进行综合评价和测定。这就要求统计指数的测度必须客观、真实地反映经济状况，对比方法和计算方法应当规范准确。这就要求在理解、测度、计算相关统计指数时，应注重引导学生诚实守信、公平客观地对待数据结果。统计指数研究的是现象的长期变动趋势，记录了我国不同时期、不同地点的经济发展变化情况，是我国制订计划与目标的历史基础，在教学过程中，我们应当正确引导学生客观看待和认识数据反映的具体状况，使学生对我国所处的发展阶段有一个正确的认识，对最终建成一个富强、民主、文明、和谐、美丽的社会主义现代化国家充满信心。

2. 启发思考题及分析

(1) 结合辩证唯物主义谈一谈你对动态指数和静态指数的理解。

理论知识点：辩证唯物主义运动观和统计指数的分类。

参考答案：

动态指数，也称时间对比指数，是总体变量在不同时间上对比形成的统计指数，有定基指数和环比指数之分。定基指数是指各期指数都以某一固定时期为对比基期；环比指数是指在指数数列中，各期指数都以上期为对比基期。静态指数，又称空间对比指数、区域指数，是总体变量在同一时间不同空间上的对比，可以用于表示复杂总体的计划完成程度。静态指数是动态指数应用上的拓展，所以其计算原理和分析方法与动态指数相同。动态指数和静态指数体现了马克思辩证唯物主义运动观，绝对运动和相对静止是辩证统一的：相对静止中包含着绝对运动，绝对的运动中也包含着相对静止的状态，物质的具体形态都是绝对运动和相对静止的统一。

（2）谈一谈综合指数法的原理。

理论知识点：综合指数法。

参考答案：

综合指数法是通过两个时期的综合总量对比来计算的总指数。总指数要反映多个个体构成的复杂总体的现象 A 的综合变动。而有多个个体的现象 A 有不同度量（使用的价值不同、度量单位不同，不能直接加总）。此时引入媒介因素 B，使之转化为同度量的、可加总的另一现象（C＝AB），借助于现象 C 的变化可反映所研究现象 A 的变化。由于现象 C 的变化中既包含 A 的变化，也包含 B 的变化，只有当 B 不变时，C 的变化才能反映所研究现象 A 的变化。所以，我们必须将 B 固定。

在统计指数理论中，使不同度量的现象过渡（转化）成可以同度量的媒介因素称为同度量因素，所要测定其变动的指标称为指数化指标。计算综合法指数的关键是根据现象之间内在联系来选择对象，引入同度量因素并将其固定在同一时间。很多社会经济现象的联系可用经济方程式来表示。例如，消费总额=消费量×价格，总成本=产量×单位成本。这些经济方程式中等号的左边是价值。等号右边的两个因素为物量（数量指标）和价格（质量指标），在计算指数时，它们互为同度量因素。

（3）谈一谈现象总量变动的因素分析的一般步骤。

理论知识点：因素分析。

参考答案：

①计算所要分析的现象总量的总指数 I_{pq} 及其增减变动绝对量，从相对数和绝对数两方面反映所研究总量的变动情况。

②计算数量指标总指数 $\bar{I}_q$ 及其分子分母差额 $\sum q_1 p_0 - \sum q_0 p_0$，反映数量指标变动对所研究总量变动的影响程度和影响绝对量。

③计算质量指标总指数 $\bar{I}_p$ 及其分子分母差额 $\sum q_1 p_1 - \sum q_1 p_0$，反映质量指标变动对所研究总量变动的影响程度和影响绝对量。

④以上三者的关系（代入计算结果）及文字分析说明。

相对数的关系：$\bar{I}_{pq} = \bar{I}_q \times \bar{I}_p$

绝对数的关系：

$$\sum q_1 p_1 - \sum q_0 p_0 = \left(\sum q_1 p_0 - \sum q_0 p_0 \right) + \left(\sum q_1 p_1 - \sum q_1 p_0 \right)$$

四、教学反思

1. 课程设计

用本案例完成统计指数教学，建议安排 4 个课时（180 分钟）。教学组织安排如表 10-2 所示。

表 10-2　教学组织安排

学习阶段	学习内容	时间限制	学习目标
课前	分小组，预习课本中统计指数的相关内容	上课前两天	熟悉统计指数的基本内容
课中	教师介绍统计指数的概念、分类和作用	20 分钟	理解统计指数基本概念和原理思想
	教师介绍总指数的计算方法，包括综合法指数和平均法指数，举例说明较为常见的统计指数	45 分钟	掌握统计指数的计算方法，了解常见的统计指数
	教师分析指数体系的概念和作用	10 分钟	熟悉指数体系的基本内容
	教师分析现象总量变动和总平均指标变动的因素	30 分钟	掌握因素分析的基本方法
	教师介绍综合评价方法的意义、一般步骤和基本方法	15 分钟	了解综合评价方法的相关内容
	教师介绍课程内容中的思政元素	10 分钟	了解统计指数中的思政元素
	分组讨论课后思考启发题	20 分钟	回顾知识点，加深理解运用
	抽 6 个小组展示对课后思考题的分析（每两个小组分别解决同一个问题）	30 分钟	复习知识点，锻炼学生的理解和表达能力
课后	完成课后习题，预习参数估计相关内容	—	增强印象，加深理解

2. 学生反馈

思政内容是引导性的软知识，专业课程是技能性的硬本领，教学课堂需要发挥二者的协同效应，从而更好地引领学生全面发展。教师要在开展思想教育的基础上加强学生专业技能的学习强度。学生要在专业学习的过程中熏陶思想，提炼出符合课程特色的人文精神、价值追求、文化自信。通过课前预习、课中教学、案例讨论、课堂展示、课后复习等过程，学生能够对本案例的知识形成更加深刻的了解，能更加熟练地运用相关方法，掌握统计指数的相关概念、分类、计算方法，同时也能对课堂上传达的思政理念有更进一步的理解，从而在具体实践中真正落实社会主义核心价值观，树立良好的人生信念。在本案例中，统计指数只是非常原理性的知识，而现实中将出现纷繁复杂的统计指数，计算方法的复杂性和难度系数也会直线上升，这就要求教学课堂有丰富案例教学，学生也要提高自主学习能力。

3. 总结

通过本案例的学习，首先，学生要理解统计指数的基本概念和原理思想，了解统计指数的基本分类；其次，学生要掌握统计指数的计算方法，掌握因素分析的基本步骤；最后，学生要了解综合评价方法的相关思想。教师也要通过案例向学生们展示现实中的统计指数。笔者期望同学们在以后的统计研究中能熟练判别统计指数，能够通过统计指数对经济现象形成客观公正的评价，正视统计指数反映的经济现象，并将其中包含的辩证唯物主义相关思想运用到实际生活问题的解决中。

五、 参考文献

[1] 向蓉美，王青华，马丹. 统计学 [M]. 2版. 北京：机械工业出版社，2019.

[2] 布莱洛克. 社会统计学 [M]. 沈德元，等译. 北京：科学出版社，1987.

[3]《中国特色社会主义理论与实践研究》编写组. 中国特色社会主义理论与实践研究 [M]. 北京：高等教育出版社，2018.

[4]《自然辩证法概论》编写组. 自然辩证法概论 [M]. 北京：高等教育出版社，2018.

[5]《马克思主义基本原理概论》编写组. 马克思主义基本原理概论 [M]. 北京：高等教育出版社，2018.

案例十　中国平衡发展指数

一、案例概论

本案例为中国平衡发展指数方面的举例。

二、课程思政目标

（1）人民日益增长的美好生活需要和不平衡不充分的发展之间的矛盾是中国特色社会主义进入新时代面临的主要矛盾。本案例构建合理的符合我国国情的平衡发展指标体系，从国情出发，了解人民在物质文化生活日益提升的同时，对多样化多层次美好生活的需要，同时反映一些长期积累的深层次问题，特别是发展的不平衡不充分问题。

（2）学生要从思政学习中了解到，在政策分析中为何要建立一个综合性的评价体系，以及如何根据综合评价目标构建多维指标体系。

（3）统计学是一门广泛应用于生活中的学科，由问题出发，我们要利用合适的统计学方法。掌握统计分析技巧，能够帮助我们客观、清晰地认识过去和现在，并能够以史为鉴，预测将来。

三、 教学实施过程

1. 确定教学目标

在案例教学中，教学目标应该突出对学生分析问题能力、解决问题能力和参与意识的培养。

2. 用中国平衡发展指数的指标体系构建作为教学案例

该案例从现实数据出发，基于我国国情，对我国平衡发展进程进行监测，反映我国平衡发展成就，揭示平衡发展中的不足，为我国开启全面建设社会主义现代化国家新征程提供决策参考。

该案例贴近生活实际、学习实际和思想实际，有利于贯彻理论联系实际的教学原则。另外，该案例能培养学生分析问题和解决问题的能力，要求学生进入决策者的角色，理解问题的实质，提出相应的对策建议。

3. 学生的准备

学生要熟悉统计指数的概念，了解指标体系以及综合评价，了解中国平衡发展指数提出的现实背景及意义。

4. 教师的准备

首先，掌握教学内容。教师必须对案例中反映或者涉及的理论知识有透彻的理解。同时，剖析教学重点难点。在案例教学中，总的来说教师应该着重考虑以下三方面：第一，关注主要方面，着重分析案例反映的重要问题；第二，关注异常处，着重分析那些看上去会得出同一结论，而经仔细分析后得出的结论恰恰相反的问题；第三，关注遗漏处，着重引导学生思考在个人分析阶段和小组讨论阶段根本就没有考虑过的问题；第四，确定讨论小组人员。教师根据班级人数和具体的事宜将学生分成若干讨论小组，小组的规模一般是 5 人。

其次，制作教学课件。对于具备条件的学校，教师可以把案例制成视频、多媒体教学课件等，这样有利于提高教学效果。

四、案例分析

1. 引入案例

2012 年 11 月，“美好生活”一词首次由习近平总书记公开提出，成为中国特色社会主义进入新时代时对民生的新表述。随后，“美好生活”概念多次被提及，并逐步成为新时代发展的奋斗目标，党的十九大报告中“美好生活”一词出现的频次达到十四次之多，涉及的语境包括“共同富裕”“五位一体”“精神食粮”“民生改善”“人与自然和谐共生”等方面，可见“美好生活”是一个包含多元素的综合性概念。

随着人民的社会性需求、福利性需求、环境性需求等不断增强，“美好生活”被赋予“人民性”“综合性”和“品质性”等新特征。客观地衡量“美好生活”成为一个综合评价问题，我们不能用单一指标去衡量。如何去量化“美好生活”，我们需要构建一个合适的综合指数。

党的十九大报告指出，中国特色社会主义进入新时代，我国社会主要矛盾已转化为人民日益增长的美好生活需要和不平衡不充分的发展之间的矛盾。这一论断深刻揭示了我国经济社会发展的客观实际，发展不平衡不充分问题已成为满足人民日益增长的美好生活需要的主要制约因素，是我国实现高质量发展亟待破解的难题，对哲学社会科学提出了新的重大研究需求。在此背景下，清华大学中国经济社会数据研究中心联合清华大学经济管理学院、清华大学社会科学学院成立了“中国平衡发展指数研究”课题组，开展了这一极富理论和现实意义的时代课题，致力于发展不平衡不充分程度的统计监测，深入挖掘发展中的成绩与问题，为推动经济社会高质量发展提供决策依据。

2. 课堂讨论（小组讨论和全班讨论）

如何去测度“人民性”“综合性”和“品质性”？

（1）人民性——地区发展与民生指数（DLI）。

（2）综合性——人类发展指数（HDI）和社会进步指数（SPI）。

（3）品质性——人类绿色发展指数指标体系。

3. 中国平衡发展指数指标体系的构建

（1）目标定位。

中国平衡发展指数以习近平新时代中国特色社会主义思想为指导，以人民美好生活需要为出发点和落脚点，我们要在深入学习与理解社会主要矛盾科学内涵的基础上，建立平衡发展指标体系，制定科学的指数编制方法，反映平衡发展状况与进程。

（2）选取指标的基本原则。

一是代表性原则。中国平衡发展指标体系所选取的指标一定要在相应领域和维度的具体层面具有较强的代表性。二是重要性原则。在反映新时代社会主要矛盾、反映最贴近人民群众利益的问题、反映发展不平衡不充分的基本特征的所有指标中，选入中国平衡发展指标体系中的指标更加重要。三是客观性原则。中国平衡发展指标体系所选取的指标要能够客观地反映人民日益增长的美好生活需要和不充分不平衡发展的实际情况。四是可操作性原则。编制中国平衡发展指数的目的是实际测度我国发展的不平衡不充分程度，监测其动态变化，并为制定宏观政策提供依据，因此中国平衡发展指标体系所选择的指标一定要具有可操作性和可测度性，选择的数据要有可获得性和可靠性。

（3）确定衡量平衡发展的领域。

2017 年 7 月，习近平总书记强调，更满意的收入、更稳定的就业、更舒适的居住、更优质的教育、更完善的医疗卫生、更可靠的社会保障、更优美的环境和更丰富的精神文化生活是人民美好生活多样化、多层次、多角度的主要内容和重要体现。经济发展、社会进步、生态文明建设的需要归根到底还是为了“八更”需要，即民生需要。综合而言，人民美好生活需要的满足实际上是经济发展、社会进步、生态环境、民生福祉共同作用的结果。

（4）指标体系构建。

经济发展。经济持续健康发展是提高人民生活水平的先决条件，是丰富人们物质和精神生活的基本保障。中国经济进入新常态，要实现经济高速增长向高质量发展转变，需要转变发展方式、优化经济结构和转换增长动能。因此，经济发展领域我们选取了经济效益、经济结构、创新驱动、基础设施、人力资本 5 个方面作为二级指标和 13 个三级指标。

社会进步。社会进步是不断提高人民获得感、幸福感和安全感的基础保障。社会文明是促进社会进步的重要抓手，促进社会文化建设和推进文化创新发展是实现全社会共同进步的重要手段；社会公平是社会稳定发展的基础，是人民是否享受了美好生活的直接体现；社会安全是人民追求美好生活的基本需要；社会治理与社会保障是建立共建共治共享和谐社会的关键。鉴于此，社会进步领域我们选取了涉及社会文明、社会公平、社会安全、社会治理与社会保障 5 个方面的二级指标和 12 个三级指标。

生态环境。良好的生态环境是人民追求美好健康生活的重要基础和迫切需求。近年来，在可持续发展的大背景下，人们日益关注生态环境并逐渐提高了环境保护意识，生态环境质量得到持续改善。但事实上，我国仍未摆脱高能耗、高排放、高污染的现状，生态环境不平衡、不协调、不可持续的问题仍然突出，绿色发展是未来发展的必由之路。因此，生态环境领域我们选取涉及空气质量、水质量、土壤质量、环境治理与生态保护 5 个方面的二级指标和 10 个三级指标。

民生福祉。发展的主体是人民，发展的根本目的是满足人民美好生活的需要。习近平总书记指出的“八更”中更满意的收入、更稳定的就业、更舒适的居住、更优质的教育、更完善的医疗卫生是民生保障中最直接最现实的表现。因此，民生福祉领域我们选取了收入、就业、居住、教育与医疗健康 5 个方面的二级指标和 14 个三级指标。

（5）发展不平衡不充分的内涵及其衡量方式。

发展不充分是指各领域当前的发展水平，相对于发展水平较充分的发达国家和地区存在的不足，我国发展的任务仍然很重。衡量发展的不充分程度归根到底是衡量经济、社会、生态、民生等领域发展的相对程度，我们可以通过标准化处理的方式来测度发展不充分程度。

发展不平衡是经济社会发展过程中所产生的一些系统性结构问题，主要表现为区域（地区）和城乡发展水平高低不齐，存在较为突出的不平等、不均衡的现象。从地区与城乡两个角度对各个领域发展的不平衡程度展开综合性测度是衡量发展不平衡的重要突破口。基于我国省际和城乡数据，我们采用基尼系数方法计算领域发展的不平衡程度。

（6）测算结果。

在构建好指标体系后，我们需要根据实际情况分析每项指标的特点，有针对性地进行处理，确定相应的权重，最终测算出平衡发展指数。

总体上看，我国经济社会发展较快，总体平衡发展指数稳步上升，2019 年平衡发展指数为 53. 86，较 2018 年提高了 1. 49。具体而言，我国经济、社会、生态和民生领域的平衡发展均取得了较好成绩，经济平衡发展指数由 51. 73 上升至 53. 46，社会平衡发展指数由 53. 00 上升至 54. 71，生态平衡发展指数由 52. 41 上升至 52. 84，民生平衡发展指数由 52. 34 上升至 54. 43。民生领域成绩最为明显，对平衡发展指数改进的贡献达 35. 16%，主要原因为收入、教育平衡发展趋势较好。地区发展不平衡程度基本持平，城乡发展不平衡程度有所改善。

从测算结果来看，近年来我国平衡发展趋势向好。平衡发展取得的突出成绩主要体现在五大方面：创新驱动作用凸显，数字经济成为经济增长“新引擎”；基础设施建设成绩显著，互联互通水平不断提高；脱贫攻坚取得全面胜利，农村贫困人口全部脱贫；居民收入水平稳步提升，城乡收入比持续下降；高中教育普及率持续升高，教育经费投入力度显著增强。但有些领域尚存不足，主要表现为：劳动年龄人口持续下降，老龄化程度加剧；社会组织发育不健全，管理体制滞后，基层社会治理还需加强；PM2.5 未达标率地区差异明显，臭氧污染问题日益突出；房价收入比超出国际公认合理区间，居民购房负担仍较重。

案例十一　统计抽样分布

一、案例概况

1. 案例教学适用范围

本案例适用于本科生统计学课程中的统计量与抽样分布的教学与培训。

2. 案例教学目标

（1）知识目标。

学生要理解总体和样本的概念及两者的关系，熟悉样本统计量的常用类型和判断标准，掌握抽样分布的构造条件和性质。

（2）能力目标。

辩证思维能力：通过对总体和样本的概念及其联系的学习，学生要理解由实物总体到总体分布的抽象过程以及样本点与总体同分布的原因，通过辩证唯物论看待问题，认识到整体和部分既相互联系又相互区别，掌握通过部分了解整体特征的方法。

解决问题能力：学习完抽样分布的相关内容及具体的实例之后，学生要意识到理论联系实际的重要性，从而学会应用理论统计方法解决实际问题，透过经济现象掌握问题本质。

（3）价值目标。

形成良好的研究习惯：学生要认识统计学知识中包含的辩证唯物主义、整体和部分等思政元素，正确掌握理论联系实际的研究方法，养成专业、严谨、求实的科学研究习惯。

二、案例正文

某车间生产某种零件，其厚度 X 服从正态分布，即 $X \sim N(\mu, \sigma^2)$ ，规定当 $\sigma \leqslant 0.6$ 时，生产处于良好状态，现抽取容量 $n = 20$ 的一个样本，计算样本方差 S^2 ，如果 $S^2 \geqslant c$ ，则认为生产过程失去控制，必须停止生产并进行检查。当 $\sigma \leqslant 0.6$，c 取何值，才能使 $S^2 \geqslant c$ 的概率小于等于 0.01？（生产良好而被误判为不正常的概率小于等于 0.01）。

在解决本案例之前，我们首先需要了解总体和样本之间的联系。统计研究的目的是探索现象内在的数量规律性。为了解总体的数量特征，我们可以对总体进行全面调查，得到总体数据，进而归纳出数量特征；也可以对总体进行随机抽样，利用随机样本对总体进行推断，即统计推断。总体是根据一定目的确定的所要研究事物的全体，是由客观存在的、具有某种共同性质的众多个体构成。总体中每个单位称为个体。在此案例中，某车间生产的这种零件的全体就是一个总体，而其中每个零件就是个体。但如何将实物总体与随机变量和分布联系起来呢？

统计学中真正收集和研究的是标志值，而不是个体本身。比如，本案例中需要记录的是零件厚度的数值，此时总体实质上已经转变为这批零件厚度的标志值，总体从实物抽象到了数值。我们可以注意到许多零件的厚度是相近的，汇总标志的不同取值及不同取值出现的频率，将得到零件厚度 X 在不同区间取值的频率，用 $p(x < X \leqslant x + \Delta x)$ 表示零件厚度在 $(x, x + \Delta x)$ 中取值的频率，可以得到零件厚度在不同区间上取值的频率。当总体容量趋于无穷大时，根据大数定律，上述频率将趋于概率。相应地，标志取值 X 成为随机变量，其所有取值概率形成一个分布，自此总体和概率论中的随机变量实现了等同。

在实际应用中，对总体进行全面调查的各项要求比较严苛，故而我们采用对总体中随机抽取的部分个体进行观测来推断总体的特征，被抽取的部分个体叫作样本。进行这样操作的理论依据为样本是独立的，且与总体同分布。如果抽样采取的是重复抽样或者总体是无限总体时，前一次抽样的结果不会影响到下一次的抽样，此时样本的取值是独立的。在统计推断中，基本都假设总体是无限总体，因此样本是独立的。样本与总体同分布也来自“随机原则”，因为每一个总体单位被抽中的可能性是相同的，总体 X 取值 k

的概率正好等于所有取值 k 的总体单位在全体总体单位中的比例，因此按照随机原则，样本取值为 k 的概率也为所有取值 k 的总体单位在全体总体单位中的比例，从而样本与总体同分布。

根据上述总体与样本的联系的讲述，可以得出，在上述案例中抽取容量为 20 的样本，其零件厚度与总体同分布，服从正态分布 $N(\mu, \sigma^2)$ 。

在统计推断中，从总体中抽取的样本具有总体的信息，统计推断就是利用样本的信息来推测总体的信息。然而样本信息是隐蔽的、分散的，我们必须经过加工将样本信息集中，从而用来推断总体信息，其中构造样本统计量是集中样本信息推断总体信息的有效手段之一。

设 $(X_1, \cdots, X_n)$ 是来自总体 X 的一个样本，如果 $T = T(X_1, \cdots, X_n)$ 是样本 $(X_1, \cdots, X_n)$ 的函数，并且 T 中不含任何未知参数，则称 $T(X_1, \cdots, X_n)$ 为一个样本统计量。如果 $(x_1, \cdots, x_n)$ 为样本 $(X_1, \cdots, X_n)$ 的观测值，则 $T = T(x_1, \cdots, x_n)$ 为统计量 $T = T(X_1, \cdots, X_n)$ 的观测值。样本统计量是随机变量，样本统计量的观测值是确定的，没有随机性。统计量有如下两个特征：统计量是样本的函数，通常为随机变量；统计量不能含有未知参数。根据样本函数的不同形式，统计量大体可分为以下几种。

（1）矩统计量：按照样本原点矩或中心矩形式构造的统计量，样本均值和样本方差都属于矩统计量，样本偏度、峰度也属于矩统计量。

（2）顺序统计量：将样本排序以后形成的统计量。例如，样本最小值 X_{min} 、样本最大值 X_{max} 都属于顺序统计量。

（3）分位数统计量：p 分位数统计量性质为始终有 p 比例的样本会小于该统计量，中位数、上下四分位数都属于分位数统计量。

本案例中，零件厚度的样本方差 S^2 为样本统计量。要想回答使 $S^2 \geqslant c$ 的概率小于等于 0.01 的 c 的取值问题，我们就要了解样本统计量 S^2 服从的分布。既然样本统计量是随机变量，那么它应该有其概率分布，样本统计量的分布称为抽样分布。抽样分布和统计推断有着密切的联系。明确统计量以后，我们必须知道其抽样分布，从而应用在统计推断中，因为只有知道了统计量的分布，我们才能利用概率论对总体的特征进行推断，并得到相应的推断置信度。因此在统计推断中，一项重要的工作就是寻找统计量和导出统计量的抽样分布或渐近抽样分布。

为解决案例中样本统计量 S^2 服从的分布问题，我们首先介绍数量统计中的三个著名的随机变量函数的分布，即 χ^2 分布、t 分布和 F 分布。

1. χ^2 分布

若随机变量 X_1，…，X_n 独立且服从标准正态分布 $N(0, 1)$ ，则他们的平方和$\chi^2 = \sum_{i=1}^{n} X_i^2$ 服从自由度为 n 的χ^2 分布，记为 $\sum_{i=1}^{n} X_i^2 \sim \chi^2(n)$ 。

χ^2 分布的自由度可以粗略地解释为可以自由选择数值的变量个数，即变量的总个数减去线性约束的个数。其分布图随着自由度的增加趋近于正态分布，极限分布就是正态分布。χ^2 分布具有可加性：两个随机变量独立且均服从χ^2 分布，则随机变量的和满足χ^2 分布，自由度为两个随机变量自由度之和。

2. t 分布

若随机变量 $X \sim N(0, 1)$ ，随机变量 $Y \sim \chi^2(n)$ ，且随机变量 X 与 Y 相互独立，则随机变量 $t = \frac{X}{\sqrt{Y/n}}$ 服从自由度为 n 的 t 分布，记为 $t \sim t(n)$ 。

t 分布的自由度和分母的χ^2 分布自由度相同。自由度为 1 的 t 分布为柯西分布，无均值也无方差，自由度为 2 的 t 分布均值为 0，不存在方差。t 分布和标准正态分布类似，均是对称分布。但 t 分布与标准正态分布也有区别，t 分布尾部厚，即服从 t 分布的随机变量取到尾部值的概率密度比标准正态分布略大。而对于接近原点的坐标点，t 分布的概率密度比标准正态分布小。因而 t 分布曲线尾部厚于标准正态分布，峰低于标准正态分布。

3. F 分布

若随机变量 X 、$Y \sim {}^2(n)$ 分别服从于自由度为 n_1 、n_2 的χ^2 分布，且随机变量 X 与 Y 相互独立，则随机变量 $F = \frac{X/n_1}{\sqrt{Y/n_2}}$ 服从第一自由度为 n_1 、第二自由度为 n_2 的 F 分布，记为 $F \sim F(n_1, n_2)$ 。

若 F 服从第一自由度为 n_1 、第二自由度为 n_2 的 F 分布，则 $1/F$ 服从第一自由度为 n_2 、第二自由度为 n_1 的 F 分布。F 分布的分布曲线随着两个自由度的组合不同而不同。F 分布的极限是正态分布，随着第一自由度 n_1 的增大，F 分布的分布曲线逐渐趋于对称，随着两个自由度的增大，分布曲线逐渐趋于正态分布。

其中χ^2 分布主要用于对总体方差进行推断，我们还可以根据χ^2 分布推断总体的独立性。t 分布主要用于对总体均值进行推断，利用 t 分布，我们既可以推断单总体样本的均值，也可以推断双总体均值差。F 分布主要用于对两个总体的方差进行比较，另外还用于方差分析和回归分析的方程显著性检验。

上述常见抽样分布的构造需要随机变量满足标准正态分布的条件，而案例中零件的厚度服从正态分布，但并不服从标准正态分布。那么如何使其转化从而满足构造上述分布的条件呢？下面介绍一个抽样分布的重要定理。

定理：若 X_1，…，X_n 是从 $N(\mu,\ \sigma^2)$ 抽取的一个简单随机样本，则有

$$\bar{X} \sim N\left(\mu,\ \frac{\sigma^2}{n}\right)$$

$$\frac{(n-1)S^2}{\sigma^2} \sim \chi^2(n-1)$$

且样本均值 $\bar{X}$ 与样本方差 S^2 相互独立。

接下来我们便可以尝试解答开始提出的案例问题。以案例中零件的数据为例，该零件的厚度服从正态分布，即 $X \sim N(\mu,\ \sigma^2)$ 。

①确定用于统计推断的合适统计量，该问题中的统计量选取样本方差 S^2 。

②寻求统计量的精确分布，在出现统计量的精确分布难以求出的情形时，我们可考虑利用中心极限定理或其他极限定理找出统计量的极限分布。零件厚度服从正态分布，即 $X \sim N(\mu,\ \sigma^2)$ ，通过上述定理我们可以确定 $\frac{(n-1)S^2}{\sigma^2} \sim \chi^2(n-1) = \chi^2(19)$ 。

③基于该统计量的精确分布或极限分布，我们求出统计推断问题的精确解或近似解。根据上一步确定的样本方差的分布，推导出使 $S^2 \geqslant c$ 的概率小于等于 0.01 的 c 的值。

$$P\{S^2 \geqslant c\} = P\left\{\frac{(n-1)S^2}{\sigma^2} \geqslant \frac{(n-1)c}{\sigma^2}\right\} = P\left\{\chi^2(n-1) \geqslant \frac{(n-1)c}{\sigma^2}\right\} \leqslant 0.01$$

即

$$P\left\{\chi^2(n-1) < \frac{(n-1)c}{\sigma^2}\right\} > 0.99$$

$$\frac{(n-1)c}{\sigma^2} \geqslant \chi^2_{0.99}(19) = 36.19$$

将 $\sigma \leqslant 0.6$ 和 $n = 20$ 代入，可得 $c \geqslant 0.686$。

④根据统计推断结果，我们对问题做出解答。通过理论推导发现，当 $\sigma \leqslant 0.6$ 时，$S^2 \geqslant 0.686$ 的概率小于等于 0.01，即生产良好而被误判为不正常的概率小于等于 0.01。

根据以上案例可以看出，抽样分布是连接样本与总体的桥梁，可以帮助做出统计学意义上的推断，也是区间估计和假设检验的基础，在整个统计学框架中起着承前启后的作用。通过上述案例分析，学生要对抽样分布的知识

点有整体性的把握，熟悉抽样分布的原理及应用步骤。

抽样分布在实际中有很广泛的应用，根据研究目的和研究背景的不同我们可采用很多不同的具体方法求得。同时每一种方法也有不同的适用条件，我们须根据实际研究的问题进行缜密的研究设计，以得到科学准确的结论。在质量管理中，质检人员通过抽取部分产品进行检验分析，从而判断这批产品整体质量是否合格，进而判断机器工作是否正常。在经济分析中，我们运用抽样分布对某些经济现象做出分析，为经济决策层提供科学依据。例如，随机抽样调查各个地区部分居民消费水平变化情况，从而分析国家整体居民消费水平变化情况。而对于抽样得到的关于总体特征的结论，我们应该用辩证的思维看待：一方面，抽样推断方法使得我们可以通过部分样本推断总体，为实际研究节约大量时间和成本；另一方面，统计方案包括样本的选取、数据的处理、统计量的选择等，我们需要根据实际研究问题做出相应的改变。因而研究结论的准确度很大程度上依赖于研究者对方法原理的认识、实践经验以及对于客观规律的认识程度。总而言之，抽样推断方法可以通过对已知样本数据的分析来推断总体特征，从而为实际行动决策提供理论依据。

三、 案例分析

1. 案例蕴含的思政元素

（1）唯物辩证法的局部与整体观。

唯物辩证法认为，首先，整体和部分是相互区别的。整体是事物的全局，是发展的全过程，从数量上看它是一；部分是事物的局部，是发展的各个阶段，从数量上看它是多。整体和部分在事物发展过程中的地位、作用和功能各不相同。整体居于主导地位，整体统率着部分，具有部分所不具备的功能；部分在事物的存在和发展过程中处于被支配的地位，部分服从和服务于整体。其次，整体和部分又是相互联系、密不可分的。整体是由部分构成的，离开了部分，整体就不复存在。部分是整体中的部分，离开了整体，部分就不成其部分。部分的功能及其变化会影响整体的功能，关键部分的功能及其变化甚至对整体的功能起决定作用。整体的功能状态及其变化也会影响部分。个别和一般相结合、点与面相结合是统计研究中的重要基本方法。这是与分析和综合相辅相成的一个重要思维方式，其中贯穿着归纳和演绎的思维方法。根据唯物辩证法的原则，事物的个别与一般、个性与共性、矛盾的特殊性和普遍性是对立统一的。矛盾的普遍性存在于其矛盾的特殊性之中，共性寓于个性之中。这在认识论上就为我们提供了个别与一般、点与面相结合的方法的客观依据。

统计研究的目的是探索现象内在的数量规律性。为了解总体的数量特征，我们可以直接对总体进行全面调查，得到总体数据，进而归纳出数量特征；也可以对总体进行随机抽样，利用随机样本对总体进行推断，即统计推断。抽样分布是进行统计推断的基础，它利用概率论的基础，讨论抽样调查数据的分布特征。抽样分布的提出是由于人们目前掌握的信息不足以了解总体的特征，我们可以考虑从样本信息出发，运用概率论的理论推导方法，从而推断总体的某些特征，是通过局部来反映总体的方法。样本的某些关键指标对总体的分布形状起着决定性的作用，从对样本的认识推断到对总体的认识，从提出个体的某些标志取值到通过分布能完整概括总体的全部特征，总体完成了从实物到分布的抽象。这样一步一步将复杂的问题进行简化的过程，蕴含着以点概面、由面及点，从局部到整体、由整体到局部的辩证关系。

（2）马克思主义的方法论：理论联系实践。

马克思主义哲学告诉我们：理论来源于实践，并在实践中得到检验和完善，理论又反过来指导实践。统计研究是指利用各种科学方法对社会经济现象的数量方面进行收集、整理和分析的研究活动过程。统计学是指系统地论述统计研究工作的理论和方法的科学。统计研究属于实践的范畴，统计学属于理论的范畴，实践离不开理论的指导，同时理论又在实践中不断得到完善。将理论与实践巧妙融合，深入学习理论知识，积极参与统计实践，对于统计研究学习和把握马克思主义科学技术观具有重要意义。

对于统计学中涉及的实际问题，尤其是复杂的重大现实问题，不是以马克思主义学科中的一两个基本观点为指导就能够解决的。我们往往需要综合运用马克思主义哲学、马克思主义政治经济学和科学社会主义学说的多个基本观点，才能有效地分析和解决复杂的现实问题。马克思主义的一个基本观点不仅可用于分析和解决某个实际问题，而且可用于分析和解决许多实际问题。唯物辩证法中的一些基本理论和基本方法，如对立统一规律和矛盾分析法、具体问题具体分析的方法、逻辑和历史相统一的方法，在解决统计学实际问题的过程中都常被应用，我们要根据实际问题的具体情况，联系若干方法的理论知识，将它们有机地结合起来，这样才能快速和简洁地解决问题。

在抽样分布中，总体是人们想要研究的事物的全体；根据随机原则，通过观测或试验的方法，获得的总体中一部分的个体被称为样本。我们通过对样本进行抽样分布的模拟，使用统计学方法对总体进行抽象转化，将现实生活中的实际问题转变为理论问题，从而通过样本的某些重要特征参数抓住总体的特征。在明确了样本的统计量分布后，我们可以在对总体的统计推断中使用并得到相应的推断置信度，又将理论结论引回了实际问题中，从而寻求现实意义的解答。

然而，新的社会经济现象在不断发生，这就要求我们对现有的统计理论和方法进行改革，以适应变化了的客观环境，并逐步与国际惯例接轨。例如，本案例涉及的三种常用的抽样分布对应于三种不同的情况。卡方分布，常用于总体方差的估计或检验；t 分布，常用于正态总体均值的假设检验；F 分布，常用于双正态总体方差的假设检验。在遇到具体问题时，我们需要进行具体分析，将理论与实践相结合，选择恰当的抽样分布来进行相应的假设检验。另外，在一些现实问题中，统计总体分布形式未知或已知却不能用有限参数刻画，那么我们就要采用非参数方法对这些实际问题进行拟合。这也是统计学理论在实践中得到检验和完善的典型例子。由此可以看到，理论脱离实际，终究是纸上谈兵，一定要坚持实践。

马克思主义哲学是人类认识客观世界的方法论科学。社会经济统计学是认识社会经济现象的数量方面的方法论科学，需要以哲学作为其方法论基础。社会经济统计学所阐述的许多方法，都是直接以马克思主义的各项原理为指导的，其中，将理论联系实践，是最基础、最核心的观念，将客观现实与理论模型和分布相互对应，能够更有效、直观地解决实际问题。

（3）社会主义核心价值观。

社会主义核心价值观是社会主义核心价值体系的内核，反映社会主义核心价值体系的丰富内涵和实践要求，是社会主义核心价值体系的高度凝练和集中表达。党的十八大提出，倡导富强、民主、文明、和谐，倡导自由、平等、公正、法治，倡导爱国、敬业、诚信、友善，积极培育和践行社会主义核心价值观。积极培育和践行社会主义核心价值观，对于巩固马克思主义在意识形态领域的指导地位，对于促进人的全面发展、引领社会全面进步，对于实现中华民族伟大复兴的中国梦的强大正能量，具有重要的现实意义和深远的历史意义。培育和践行社会主义核心价值观要从学校抓起，围绕立德树人的根本任务，把社会主义核心价值观纳入高等教育总体规划，要切实落实到教育教学中的各个环节，不断完善中华优秀传统文化教育，努力培养德智体美全面发展的社会主义建设者和接班人。

戴世光先生在20世纪80年代初就提出“实事求是是研究统计科学问题的指导思想”。统计学科一般分为描述统计和推断统计两大内容。描述统计阶段是通过计算出总体的各项指标或运用分析图表，描绘出总体数据的分布特征以达到对其数量规律性的认识。描述统计必须客观、真实地反映总体的状况，因此在选取总体数据时，教师应引导学生注重科学研究中的学术规范，诚实守信、公平公正地对待数据结果。推断统计阶段是利用样本资料所提供的信息，进一步对总体的数量规律性做出科学的推论。推断统计建立在严格的数学基础上，并结合了客观经济现象，既要符合逻辑性，又要符合实践性。统计学科的发展过程就是诚实、守信、客观、真实等文化内涵的体现，在课堂教学中教师应将实事求是、科学精神、专业素养、公平正义等德育元素渗透到从数据收集到统计结果的各个过程，对学生树立正确的人生观、价值观起着重要的作用。

2. 启发思考题及分析

（1）结合正态分布谈一谈你对三大统计抽样分布的理解。

理论知识点：三大抽样分布的区别与联系。

参考答案：

卡方分布常用于总体方差的估计或检验以及总体概率密度函数的检验等；t 分布常用于正态总体均值的假设检验；F 分布常用于双正态总体方差的假设检验或方差分析、协方差分析和回归分析等。

在实际应用中，我们往往在取得总体的样本后，通常借助样本的统计量对未知的总体分布进行推断，为此需要进一步确定相应的统计量所服从的分布。三大抽样分布都收敛于正态分布，证明时本质上都是应用了大数定理和中心极限定理。当样本容量很大时，我们可以用正态分布来近似。

（2）结合抽样分布的知识，谈谈如何解决一般性的统计推断问题？

理论知识点：统计推断问题的一般步骤。

参考答案：

我们在使用数据前要注意采用有效的方法收集数据，如设计好抽样方案、安排好试验等。我们只有科学地收集了数据，才能有效地使用数据，并开展统计推断工作。获得数据后，我们可以根据问题的特点和抽样方式确定抽样分布，即统计模型。基于统计模型，统计推断问题可以按照如下的步骤进行：

①确定适用的统计量。

②寻求统计量的精确分布。当统计量的精确分布难以求得时，我们可考虑利用中心极限定理或其他极限定理找出统计量的极限分布。

③基于该统计量的精确分布或极限分布，求出精确解或近似解；

④根据统计推断结果对问题给出解释。

其中第二步是最重要的，也是最困难的一步。统计三大分布、正态总体下样本均值和样本方差的精确分布，以及统计量的极限分布，在统计推断的应用中起着举足轻重的作用。

（3）运用唯物辩证观中局部与总体的关系，谈谈你对总体与样本的理解。

理论知识点：总体与样本的概念的理解。

参考答案：

统计所研究的对象是由同类事物构成的总体，总体是根据目的确定的所要研究事物的全体。它由客观存在的、具有某种共同性质的众多个体构成。总体中每个单位称为个体。例如，每一批次麦子的全体就是一个总体，而其中每单位的麦子就是个体。统计推断的重要任务是通过对总体中随机抽取的部分个体进行观测来推断总体的特征。按照随机原则，通过观测或试验的方法，获得的总体中一部分个体的标志值，称为样本，每个个体的取值称为样本点或样品。抽出样本之前，由于总体中各个体都有被抽到的可能，因此样本是一组随机变量，我们可以取总体分布中任意一个值。

统计推断认为总体是一个分布，那么样本点是从总体中随机抽取的，其样本取值和相应概率都与总体一样，因此样本服从总体分布，当样本点观测值确定时，我们可以认为样本点观测值是总体分布的一次实现。在总体数量较大时，我们通常考虑从样本信息角度出发，运用概率论的理论推导方法推断总体的一些特征，这个过程蕴含唯物辩证观中局部到总体的方法。

（4）请联系实际谈谈为什么要引入卡方分布，并举个例子。

理论知识点：卡方分布的理解。

参考答案：

以特定概率分布为某种情况建模时，事物长期结果较为稳定，我们能够清晰地进行把握。但是当期望与事实存在差异时，我们需要了解偏差到底是由正常的小幅度波动引起的，还是由建模错误而引起的。此时，我们可以利用卡方分布分析结果排除可疑结果。

例如，生活中一些商场或超市门口都放有抽奖机，正常情况下出奖概率是一定的，基本等于商家收益。倘若突然某段时间内总是出奖，那么到底是偶然的小概率事件还是有人进行了人为操作？针对这种现象或者类似这种现象的问题，我们可以借助卡方进行拟合优度检验。

四、教学反思

1. 课程设计

用本案例完成统计学统计量与统计分布教学，建议安排 4 个课时（180 分钟）。教学组织安排如表 12-1 所示。

表 12-1　教学组织安排

学习阶段	学习内容	时间限制	学习目标
课前	分小组，预习教材中统计量和统计分布的内容	上课前两天	熟悉统计量和三大抽样分布的基本内容
课中	教师介绍总体分布及其样本特性的基本概念、方法、步骤	30 分钟	理解总体、总体分布与样本、样本性质的基本概念和原理
	教师介绍总体参数与样本统计量的含义	30 分钟	了解总体参数和常用统计量的基本运用
	教师介绍三大抽样分布及抽样分布定理	45 分钟	掌握三大抽样分布的定义、密度函数、性质特征和运用方法
	教师介绍课程内容中的思政元素	20 分钟	了解统计分布中的思政元素
	分组讨论课后思考启发题	20 分钟	回顾知识点，加深理解运用
	抽 8 个小组展示对课后思考题的分析（每两个小组分别解决同一个问题）	35 分钟	反馈知识点应用的情况，锻炼学生的理解和表达能力
课后	完成课后习题，预习参数估计相关内容	—	增强印象，加深理解

2. 学生反馈

将思政元素融入专业课堂，真正达到了让“各类课程与思政课同向同行、形成协同效应”的效果。教师通过生动的教学内容，将专业内容的知识性、技能性与价值性进行有机融合，并且针对每一部分教学内容都进行扩展式、延伸式、研究性、专题性的深度挖掘，帮助学生加深理解，提炼出符合课程特色的法治理念、社会责任、文化自信、人文精神和价值追求等思政要素，在润物细无声的情境下将课程的价值引领沁润到学生心中。通过预习、教师指导、课堂展示、课后复习等过程，学生能够对专业知识进行学习巩固，掌握样本与总体、样本分布与总体分布的关系，掌握三大统计抽样分布的概念及运用；同时，也能对课堂上传达出的思政观念得到进一步的理解，对自身树立良好的人生观、世界观、价值观有明显的帮助。稍有不足的是，对于抽样分布定理这样的理论性较强的知识点，学生还需要结合更加生动灵活、贴近现实的实际问题案例加以理解；对于三大统计分布的区别与联系，教师可以结合更加符合经济现状的案例分析进行引导，这样能够使学生更加快速、容易地理解知识点，从而提高学习效率。

3. 总结

通过本案例的学习，学生要理解样本与总体、样本分布与总体分布的关系，常用样本统计量的定义及运用，重点掌握三大抽样分布的定义、性质和运用场景以及抽样分布定理。最后，期望学生在以后的统计研究中面对不同的问题情形能够熟练运用三大抽样分布进行不同的假设检验，并将其中所包含的唯物辩证观的方法论运用到实际生活问题的解决中。

五、 参考文献

[1] 向蓉美，王青华，马丹. 统计学［M］. 2版. 北京：机械工业出版社，2019.

[2] 布莱洛克. 社会统计学［M］. 沈德元，等译. 北京：科学出版社，1987.

[3]《中国特色社会主义理论与实践研究》编写组. 中国特色社会主义理论与实践研究［M］. 北京：高等教育出版社，2018.

[4]《自然辩证法概论》编写组. 自然辩证法概论［M］. 北京：高等教育出版社，2018.

[5]《马克思主义基本原理概论》编写组. 马克思主义基本原理概论［M］. 北京：高等教育出版社，2018.

[6] 胡瑞香. 浅谈课程思政理念下《统计学基础》课程教学改革的探索［J］. 国际公关，2020（12）.

案例十二　矛盾论与精准扶贫思想分析

——基于一个统计假设检验例子的思考

一、问题的提出

精准扶贫是在新时代背景下如期实现全面建成小康社会奋斗目标的重要举措。这一思想坚持了矛盾的普遍性与特殊性的辩证统一、内因与外因的辩证统一，特别是主要矛盾与次要矛盾以及矛盾的主要方面和次要方面的辩证统一。早在2013年，习近平总书记在湖南考察时第一次提出了精准扶贫。近年来，随着这一思想的实践范围由小到大，从试探性小范围的探索到大规模的实施，实践的深度也由浅至深。经过近年来的不断摸索，精准扶贫思想不但在理论架构上不断进步与完善，而且在现实操作中也基本趋于成熟。因此从矛盾论的角度来解读精准扶贫思想，对于完善马克思哲学思想具有深远的意义。

更重要的是，在实践中如何对扶贫的实际效果进行评价并进行有针对性的扶贫，不但是一个具有现实意义的问题，而且也是一个具有深刻哲学意义的探讨。这不但涉及矛盾的特殊性，而且体现了主要矛盾与次要矛盾、矛盾的主要方面与次要方面的辩证关系。结合现实数据，统计学是一套客观有效的数据分析方法，而统计推断也是统计学中重要的研究内容之一。对于扶贫效果评价，统计推断中的假设检验具有一定的实用价值，而使用假设检验对扶贫效果进行评价的过程也体现了矛盾论的哲学思想，这将在下文进行详细的讨论。

二、理论回顾

1. 精准扶贫的主要内容

自精准扶贫思想被提出以来，习近平总书记在不同场合多次提及这一概念。精准扶贫思想的主要内容可以从以下三个方面进行阐述：第一，精准化理念是精准扶贫思想的核心要义。扶贫工作贵在看真贫、扶真贫、真扶贫，少搞一些“盆景”，多搞一些惠及广大贫困人口的实事。第二，分批分类理念是精准扶贫思想的基础工具。习近平总书记在 2015 年详细论述了分批分类扶贫理念，并概括为“四个一批”，即“通过扶持生产和就业发展一批，通过移民搬迁安置一批，通过低保政策兜底一批，通过医疗救助扶持一批”。第三，精神脱贫理念是精准扶贫思想的战略重点。扶贫先扶志，精神贫困首先体现在缺乏脱贫致富的勇气、信心等主观意愿。树立脱贫信心，营造脱贫环境，帮助贫困群体充分认识到自身优势以及主观能动性的重要性，拿出敢想敢干的毅力和决心，在精神上与贫困绝缘，是精准扶贫思想的战略重点。

2. 主要矛盾与次要矛盾及矛盾的主要方面与次要方面的辩证关系

主要矛盾是指在复杂事物中包含多个矛盾，其地位和作用是不平衡的，其中必有一个矛盾居于支配地位，对事物的发展起着决定作用，这个矛盾就是主要矛盾；反之，不处于支配地位、对事物的发展不起决定作用的矛盾就是次要矛盾。

矛盾的主要方面是指在一个矛盾的两个方面中，其地位和作用不平衡，其中居于支配地位，对事物的发展起主导作用的矛盾方面叫作矛盾的主要方面；反之，处于被支配地位，对事物的发展不起主导作用的矛盾方面，就叫作矛盾的次要方面。

主要矛盾和次要矛盾相互依赖、相互影响。主要矛盾和次要矛盾在一定条件下可以相互转化。另外，矛盾的主要方面和次要方面的关系是对立统一的，它们既相互排斥，又相互依赖，在一定条件下可以相互转化。

3. 假设检验

假设检验是统计推断的重要内容，是由皮尔逊（K. Pearson）于 20 世纪初提出的，之后由费希尔（Fisher）进行了细化，最终奈曼（Neyman）和皮尔逊（E. Pearson）提出了较为完整的假设检验理论。

假设检验的基本思路为：在给定备则假设的条件下，利用样本对原假设做出判断，若拒绝原假设，那么就意味着接受备则假设；否则就接受原假设。换句话说，假设检验就是要在原假设和备则假设中做出拒绝哪一个和接受哪一个的判断。究竟如何做出判断呢？对一个统计假设进行检验的依据是所谓的小概率原理，即概率很小的事件在一次实验中是几乎不可能发生的。假设检验的基本步骤如下：

（1）提出检验原假设 H_0 和备择假设 H_1 。在假设检验中，我们通常将不宜轻易加以否定的假设作为原假设，例如：我们关注样本和总体之间是否有差异。那么原假设与备则假设分别设为：

H_0 ：样本与总体或样本与样本间的差异是由抽样误差引起的。

H_1 ：样本与总体或样本与样本间存在本质差异。

若预先设定的检验水准为 0.05，当检验假设为真，但被错误地拒绝的概率，记作 α，通常取 $\alpha=0.05$ 或 $\alpha=0.01$。

（2）选定统计量以及确定统计量的分布，根据样本观察值，我们按相应的公式计算出统计量的大小，如 χ^2 值、t 值等。根据所使用统计量的特点，我们确定统计量的分布，根据统计量的类型和分布，常见的检验有 Z 检验、T 检验、秩和检验和卡方检验等。

（3）根据样本计算的统计量的值、分布以及 α 确定拒绝域和临界值。我们可以通过对比统计量以及检验临界值来进行检验，也可以计算检验假设成立的可能性 P 并判断结果。若 $P>\alpha$，结论为按 α 所取水准不显著，不拒绝 H_0，即认为差别很可能是由抽样误差造成的，在统计上不成立；若 $P\leqslant\alpha$，结论为按所取 α 水准显著，拒绝 H_0 ，接受 H_1 ，则认为此差别不大，可能仅由抽样误差所致，很可能是实验因素不同造成的，故在统计上成立。P 值一般可通过查阅相应的界值表得到。

4. 理论之间的联系

在精准扶贫的实践中，我们往往关注一些群体的收入，想通过一些帮扶手段让这一群体自食其力地脱贫。例如，有劳动能力但是因客观或主观的情况其收入无法提高，我们要有针对性地进行帮扶；而其他特殊群体，如无劳动能力的老人、残疾人，我们则需要采用其他方法进行帮扶。如果想通过帮扶手段而让被帮扶对象自食其力继而脱贫致富，那么有劳动能力群体的收入问题便可以看作精准扶贫攻坚战中的主要矛盾，而其他问题可以暂时看作次要矛盾（这是因为主要矛盾与次要矛盾之间是辩证统一的，二者在一定条件下可以相互转化，若有劳动能力的群体的收入普遍增加，那么特殊群体的收入问题就会是主要矛盾）。因此，在这个前提条件下，主要矛盾为有劳动能力的帮扶对象对脱贫致富的期望与现阶段收入低之间的矛盾。而主要矛盾的主要方面是现阶段帮扶对象的收入低。

三、 精准扶贫的案例

主要矛盾以及矛盾的主要方面与精准扶贫思想的实践在假设检验中如何体现的呢？下面将使用一个例子进行说明。

对某一地区贫困户的收入（记为 x ）进行两次抽样调查（分别为 2018 年与 2020 年），其中没有劳动能力［收入记为 $x_1 \sim N(\mu_1, \sigma_1^2)$ ］和有劳动能力［收入记为 $x_2 \sim N(\mu_2, \sigma_2^2)$ ］的贫困户分别为 1 000 人。2018 年全部贫困户的年收入均值为 $\bar{x}^{2018} = 12.47$（千元），标准差为 $\widehat{\sigma}^{2018} = 4.57$；而 2020 年全部贫困户的年收入均值为 $\bar{x}^{2020} = 14.42$（千元），标准差为 $\widehat{\sigma}^{2020} = 5.95$。这里假定数据服从正态分布，两次抽样总体标准差未知但相等。在这里我们更加关注有劳动能力的贫困户的收入情况，这是问题的主要矛盾。两个群体各自的均值与标准差如表 13-1 所示。

表 13-1　两个群体各自的均值与标准差

	2018 年		2020 年	
	$\bar{x}^{2018}$	$\widehat{\sigma}^{2018}$	$\bar{x}^{2020}$	$\widehat{\sigma}^{2020}$
x_1	9.91	2.01	9.92	2.04
x_2	15.04	4.95	18.93	5.10

根据上文的分析，很明显这一问题的主要矛盾的主要方面是有劳动能力的帮扶对象的收入低问题，如何判断有劳动能力的帮扶对象经过两年的精准扶贫其平均收入是否提高，我们可以通过假设检验进行判断。在这里原假设应该是不轻易被加以否定的结论，而在哲学层面上是主要矛盾的主要方面，那么原假设和备则假设应该为

$$H_0: \mu_2^{2018} \geqslant \mu_2^{2020}$$

$$H_1: \mu_2^{2018} < \mu_2^{2020}$$

检验统计量为

$$t = \frac{\bar{x}_2^{2018} - \bar{x}_2^{2020}}{s_w \sqrt{2/n}}$$

检验的拒绝域为

$$W = \{t \leqslant t_{\alpha}(m + n - 2)\}$$

其中 $m = n = 1\ 000$，则

$$s_w = \sqrt{\frac{1}{2n - 2}[(n - 1)\widehat{\sigma_2^{2018\,2}} + (n - 1)\widehat{\sigma_2^{2020\,2}}]}$$

$$= \sqrt{(4.95^2 + 5.10^2)/2} \approx 5.03$$

因此检验统计量

$$t = \frac{\bar{x}_2^{2018} - \bar{x}_2^{2020}}{s_w \sqrt{2/n}} = \frac{15.04 - 18.93}{5.03\sqrt{2/1\ 000}} = -17.308\ 13$$

查表得知 $t_{0.05}(2\ 000 - 2) = -1.645\ 617$

因此 $t < t_{0.05}(2\ 000 - 2)$ 拒绝原假设，可以得到结论：有劳动能力的帮扶对象经过两年的精准扶贫其平均收入显著提高。综上所述，在这个问题中我们对于精准扶贫效果进行假设检验时，需要先确定主要问题和主要矛盾，即有劳动能力人口的收入变化问题，从而选择 x_2 作为我们的研究对象。在设定原假设和备则假设的时候，我们运用到了矛盾的主要方面和次要方面原理，从而将收入没有提高作为原假设。最后，根据整个例子，我们要学会在实际数据分析工作中抓住主要矛盾的主要方面进行分析。

案例十三　相关与回归分析

一、案例概况

1. 案例教学适用范围

本案例适用于本科生统计学课程中相关与回归分析的教学与培训。

2. 案例教学目标

（1）知识目标。

学生要理解相关分析中的基本概念；理解相关关系、函数关系、因果关系的概念及区别和联系；了解相关关系的种类；理解相关系数和判定系数的概念，掌握相关系数的计算原理和计算方法；理解回归分析的概念和意义；理解回归分析与相关分析的关系；了解回归分析的种类；掌握一元线性回归的确定，掌握利用最小平方法估计 a 和 b；理解回归估计标准差的概念，理解回归估计标准差和相关系数的关系；了解线性相关的显著性检验，包括相关系数、回归系数的 t 检验和回归方程的显著性检验（F 检验）；了解回归预测方法。

（2）能力目标。

辩证思维能力：通过相关系数的计算、回归方程的建立和回归系数、回归方程的显著性检验等相关知识的学习，学生要学会利用逻辑历史的辩证思维方法看待问题，不仅要学会运用普遍联系的观点考察思维对象的横向联系，也要会运用辩证思维的发展观考察思维对象的纵向发展过程，从而实现对思维对象进行多方面、多角度的考察。

解决问题的能力：通过对统计图表的 Excel 处理等相关知识的学习，学生要逐步将课堂上学习的知识迁移到实际问题中，正确解读和利用官方网站数据、统计年鉴数据等。

（3）价值目标。

形成良好的研究习惯：学生要认识统计学知识中包含的辩证唯物主义、事物发展变化等思政元素，养成严谨的数据处理态度，提高自身数据分析能力。

二、案例正文

我们随机抽取 10 家航空公司，对其最近一年的航班正点率和顾客投诉次数进行调查，采集的相关数据及计算分析见表 14-1、图 14-1、表 14-2、表 14-3。

表 14-1　航班正点与投诉次数

航空公司编号	航班正点率/%	投诉次数/次
1	81.3	21
2	76.6	58
3	76.6	85
4	75.7	68
5	73.8	74
6	73.2	93
7	71.2	72
8	70.8	122
9	92.4	18
10	68.5	125

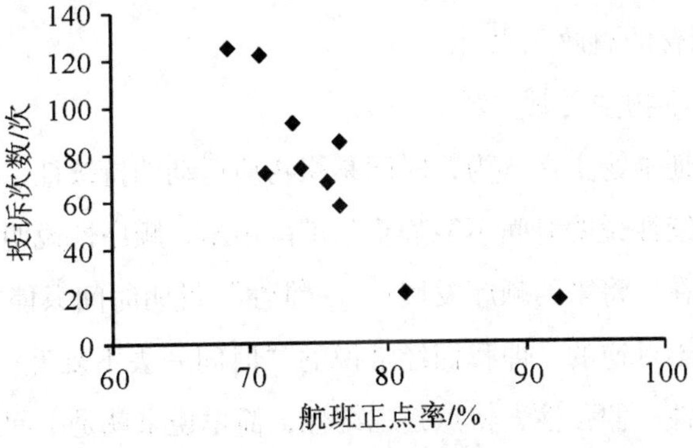

图 14-1　航班正点率与投诉次数

表 14-2 回归统计

回归统计	
Multiple R	0.852 211 601
R Square	0.726 264 613
Adjusted R Square	0.692 047 69
标准误差	19.945 416 46
观测值	10

表 14-3 方差分析

	df	SS	MS	*F*	Significance F
回归分析	1	8 443.842 899	8 443.842 899	21.225 304 39	0.001 739 257
残差	8	3 182.557 101	397.819 637 6		
总计	9	11 626.4			
	Coefficients	标准误差	t Stat	P-value	Lower 95%
Intercept	415.690 492 7	74.520 405 86	5.578 210 262	0.000 523 395	243.846 128 6
X Variable 1	-4.500 598 509	0.976 884 702	-4.607 092 835	0.001 739 257	-6.753 298 671

（1）我们可以从以上数据处理结果中获取什么信息？

（2）回归方程是显著的吗（$\alpha=0.05$）？

（3）回归系数是显著的吗（$\alpha=0.05$）？

（4）方差分析部分的 *F* 值是多少？

（5）由于航班正点率发生变动，顾客投诉次数的变差受到怎样的影响？

三、案例分析

1. 案例蕴含的思政元素

（1）辩证唯物主义时空观。

马克思辩证唯物主义认为，时间是指物质运动的持续性、顺序性，特点是一维性。持续性说明时间不能静止、不能中断；顺序性说明时间只能严格按照过去—现在—将来的顺序发展；“一维性”说明时间只能按照一个方向运行，时间是不可逆的，即我们经常说的“时间一去不复返”。空间是指物质运动的广延性、伸张性，特点是三维性，简单说来就是空间向长、宽、高三个方向广延、伸张；时空是绝对性与相对性的统一，是指时空客观实在性的不变性和具体特性的可变性。时间和空间作为物质运动的存在形式，它们的客观实在性是不变的、无条件的，因而是绝对的；而受物质运动特性所制约的时间和空间的具体特性是可变的、有条件的，因而是相对的；人们关于时间和空间的观念也是可变的、发展的，因而也是相对的。时空也是有限性和无限性的统一，是指物质世界在时间和空间上是无限的；而具体事物的时间和空间都是有限的，在时间上是暂时的，在空间上是有界限的。

本案例研究了一年来机场的正点率和投诉次数之间的动态变化情况，从图 14-1 可看出，机场受到的投诉次数和机场正点率之间有明显的相关关系，但并非是完全的函数关系，说明人们关于时间和空间的观念是可变的、发展的，也是相对的。

（2）唯物辩证法的发展观。

世界是普遍发展的，一成不变的事物是没有的。发展的实质是事物的前进和上升，是新事物的产生和旧事物的灭亡。发展是前进行和曲折性的统一，事物发展的前途是光明的，道路是曲折的。发展是量变和质变的统一，量变是质变的前提和必要准备，量变积累到一定程度必然会引起质变，质变是量变的必然结果，质变为新的量变开辟新的道路。事物发展的前途是光明的，是新事物的本质决定的，新事物符合事物发展规律，有强大的生命力和远大的发展前途，新事物与旧事物相比有无与伦比的优越性。新事物吸收了旧事物的积极、合理因素，克服了旧事物消极、过时的因素，增添了旧事物所不能容纳的新内容，社会领域的新事物符合人民群众的根本利益和要求，从而得到人民群众的支持和拥护。然而事物的发展道路是曲折的，因为新事物的发展总会经历一个由小到大、由不完善到比较完善的过程，新事物会受到强大的旧事物的极力阻挠和扼杀，社会领域的新事物得到人民群众的支持和拥护会有一个过程。这要求我们学会用发展的观点看问题，坚持辩证唯物主义发展观。

在统计实践中，我们经常要研究多个变量之间的相关情况，这些相关关系正是经济社会不断向前发展的内在逻辑。事物之间的相关关系易得，但我们要谨慎对待因果关系的结论，在数据分析中常常会出现互为因果的现象，这提醒同学们要学会用发展辩证的观点看问题，坚持辩证唯物主义发展观。

（3）社会主义核心价值观。

社会主义核心价值体系是兴国之魂，是社会主义先进文化的精髓，决定着中国特色社会主义发展方向。这是中国共产党把马克思主义理论与建设中国特色社会主义相结合时取得的又一重大成果，使我们在社会主义建设的各项工作中有了更为明确的价值引领，使人民在思想和行动方面有了更明确的价值遵循。党的十八大报告提出："倡导富强、民主、文明、和谐，倡导自由、平等、公正、法治，倡导爱国、敬业、诚信、友善，积极培育和践行社会主义核心价值观。"马克思主义指导思想贯穿了社会主义核心价值观的全部内容，核心价值观中国家、社会、个人三个层面的 24 字目标都符合马克思主义的本质要求。培育和践行社会主义核心价值观也需要从教育深入，我们要在教学中深度结合、高度凝练其核心内容，围绕立德树人的根本任务，把社会主义核心价值观纳入高等教育总体规划，并切实落实到教学的具体环节中，以努力培养德智体美劳全面发展的社会主义接班人。

统计相关与回归分析是推断统计的重要内容，通过回归方程的建立、回归系数和回归方程的显著性检验等达到对于数量规律和经济状况的认识。这就要求在理解不同的统计回归方程时，应注重引导学生诚实守信、公平客观地对待数据结果。在教学过程中，教师应当正确引导学生客观看待和认识数据反映的具体状况，使其对我国所处的发展阶段有一个正确的认识，对最终建成一个富强、民主、文明、和谐、美丽的社会主义现代化国家充满信心。

2. 分析及启发思考题

（1）根据散点图，我们发现航班正点率与客户投诉次数二者之间为线性负相关，二者之间的相关系数为-0. 852 212，其中标准误差为 19. 945 42。这说明用该线性回归方程估计顾客投诉次数时，观测值与估计值平均相差了 19. 945 42 次。我们用航班正点率作为自变量，用顾客投诉次数作为因变量，求出估计的回归方程为 $\hat{y} = 415.6905 - 4.5006x$，其中回归系数的含义为航班正点率每提高 1 个百分点，顾客投诉次数平均降低 4. 500 6 次。

（2）H_0：$\beta_1 = 0$，H_1：$\beta_1 \neq 0$。

因为 F 检验中 $p = 0.00173926 < 0.05$，所以回归方程是显著的。

（3）H_0：$\beta_1 = 0$，H_1：$\beta_1 \neq 0$。

因为 t 检验中 $p = 0.00173926 < 0.05$，所以回归系数是显著的。

（4）$F = \dfrac{\text{SSR}}{\text{SSE}/(n-2)} = 8\,443.843 \div 397.8196 = 21.2253044$。

（5）顾客投诉次数的变差中有 72. 626 5%（或 69. 204 8%）是航班正点率的变动引起的。

在回归分析中，我们如何正确地辨别相关关系与假相关、函数关系和因果关系的区别？

首先，相关关系是现象之间确实存在的、具有内在联系的真实关系，而不是主观臆造的或者是形式上偶然巧合的关系。这就要区别于假相关。假相关（或称伪相关）是指由于某种偶然的巧合或受其他潜在变量的影响而使其数据呈现表面上的联系。例如，有人计算出某年上证股票价格综合指数与当地气温的相关系数高达0.8，这是否说明上证股票价格与当地气温之间存在高度的线性正相关呢？答案显然是否定的。因为经济理论告诉我们，二者之间本质上是没有联系的。又如，有人计算某市1~14岁儿童的身高与识字数量的正相关程度很高，实质上儿童身高与识字数量的这种同向变化关系是由于二者同时受到年龄的影响，二者之间原本没有内在的必然联系。对假相关进行统计分析，我们往往会得出错误的、荒谬的结论，这是我们必须要避免的。要判断现象之间是否具真实相关，我们必须进行定性分析，以实质性学科理论为指导，并结合常识和实践经验来确定。

其次，相关关系表现为数量上存在不确定性，对于某一变量的每一个数值，另一个变量不是唯一只有一个数值与之对应，而是可能有若干个数值与之对应，这些数值表现出一定的随机波动性，但又总是以一定的规律围绕其均值上下波动。这就要区别于函数关系。例如，从理论上我们知道，居民收入与储蓄存款之间存在一定关系，当居民收入增加时，储蓄存款一般会随之增加。但居民收入每增加1个单位，储蓄存款并非肯定增加固定的数额甚至有可能会下降。因为储蓄存款的变动还会受到其他很多因素（如居民消费倾向、价格水平、存款利率等）的影响，因此，二者之间的关系属于相关关系。函数关系是指变量之间确定性的数量的依存关系，即一个变量 X（或几个变量）取一定数值时，另一个变量 Y 总有确定的值与之相对应。例如，在存款期限和利率一定的情况下，利息（Y）与存款额（X）的关系就是函数关系。

最后，要注意相关关系与因果关系的区别。相关关系包括了因果关系，但相关关系不一定都是因果关系，即在判定两个变量之间是否具有因果关系时，相关关系只是一个必要条件而不是充分条件。例如，学生习惯性选择的座位与讲台的距离与其考试成绩之间存在高度负相关，能否简单地认为座位与讲台的距离就是影响其考试成绩的一个原因呢？显然不能。原因可能是选择座位靠前的学生原本就对课程很感兴趣或学习态度较好。要确认因果关系，我们必须以实质性学科理论为指导，以科学的实验数据进行深入分析。

四、教学反思

1. 课程设计

用本案例完成相关与回归分析时，建议安排 4 个课时（180 分钟）。教学组织安排如表 14-4 所示。

表 14-4 教学组织安排

学习阶段	学习内容	时间限制	学习目标
课前	分小组，预习教材中相关与回归分析的相关内容	上课前两天	熟悉相关与回归分析的基本内容
课中	教师介绍相关与回归分析	45 分钟	掌握回归分析概念
	教师介绍一元线性相关分析	90 分钟	掌握一元线性相关的分析方法
	教师介绍一元线性回归	15 分钟	熟悉一元线性回归做法
	教师进行线性回归的软件演示	30 分钟	了解如何使用统计软件进行线性回归
课后	完成课后习题，预习相关内容	—	增强印象，加深理解

2. 学生反馈

思政内容是引导性的软知识，专业课程是技能性的硬本领，教学课堂需要发挥二者的协同效应，从而更好地引领学生全面发展。教师在开展思想教育的基础上加强学生专业技能的学习强度。学生要在专业学习的过程中熏陶思想，提炼出符合课程特色的人文精神、价值追求、文化自信。通过课前预习、课中教学、案例讨论、课堂展示、课后复习等过程，学生能够对本案例的知识形成更加深刻的了解，能更加熟练地运用相关方法，掌握数据的相关与回归分析知识，同时也能对课堂上传达的思政理念有更进一步的理解，从而在具体实践中真正落实社会主义核心价值观，树立良好的人生信念。

3. 总结

在本案例的教学中，相关与回归分析是研究变量之间相关关系的重要统计方法，教师要引导学生正确理解和掌握相关分析、回归分析的基本原理和方法，并应用这些知识为学生揭示具有相关关系的现象之间的数量关系和数量变化规律。除了相关与回归分析的理论知识，教师还应当引导学生利用 Excel 实现相关系数的计算、回归方程的建立和检验，并正确解释输出结果。

总的来说，本案例的教学应当更加注重理论与实际操作的结合，并加强理论、实际操作与现实经济现象的联系。

五、 参考文献

[1] 向蓉美，王青华，马丹. 统计学 [M]. 2 版. 北京：机械工业出版社，2019.

[2] 布莱洛克. 社会统计学 [M]. 沈德元，等译. 北京：科学出版社，1987.

[3]《中国特色社会主义理论与实践研究》编写组. 中国特色社会主义理论与实践研究 [M]. 北京：高等教育出版社，2018.

[4]《自然辩证法概论》编写组. 自然辩证法概论 [M]. 北京：高等教育出版社，2018.

[5]《马克思主义基本原理概论》编写组. 马克思主义基本原理概论 [M]. 北京：高等教育出版社，2018.